L'effet placebo

Révision : Maryse Barbance

**Catalogage avant publication
de Bibliothèque et Archives Canada**

Fecteau, Danielle

L'effet placebo : le pouvoir de guérir

1. Effet placebo. 2. Guérison par l'esprit.
3. Esprit et corps. I. Titre.

R726.5.F42 2005   615.5   C2004-941908-0

DISTRIBUTEURS EXCLUSIFS :

• Pour le Canada et les États-Unis :
MESSAGERIES ADP*
955, rue Amherst
Montréal, Québec H2L 3K4
Tél. : (514) 523-1182
Télécopieur : (514) 939-0406
* Filiale de Sogides ltée

• Pour la France et les autres pays :
INTERFORUM
Immeuble Paryseine, 3, Allée de la Seine
94854 Ivry Cedex
Tél. : 01 49 59 11 89/91
Télécopieur : 01 49 59 11 96
Commandes : Tél. : 02 38 32 71 00
          Télécopieur : 02 38 32 71 28

• Pour la Suisse :
INTERFORUM SUISSE
Case postale 69 - 1701 Fribourg - Suisse
Tél. : (41-26) 460-80-60
Télécopieur : (41-26) 460-80-68
Internet : www.havas.ch
Email : office@havas.ch
DISTRIBUTION : OLF SA
Z.I. 3, Corminbœuf
Case postale 1061
CH-1701 FRIBOURG
Commandes : Tél. : (41-26) 467-53-33
          Télécopieur : (41-26) 467-54-66
          Email : commande@ofl.ch

• Pour la Belgique et le Luxembourg :
INTERFORUM BENELUX
Boulevard de l'Europe 117
B-1301 Wavre
Tél. : (010) 42-03-20
Télécopieur : (010) 41-20-24
http://www.vups.be
Email : info@vups.be

Pour en savoir davantage sur nos publications,
visitez notre site : **www.edhomme.com**
Autres sites à visiter : www.edjour.com
• www.edtypo.com • www.edvlb.com
• www.edhexagone.com • www.edutilis.com

Gouvernement du Québec – Programme de crédit
d'impôt pour l'édition de livres – Gestion SODEC –
www.sodec.gouv.qc.ca

L'Éditeur bénéficie du soutien de la Société de
développement des entreprises culturelles du Québec
pour son programme d'édition.

11-2004

Le Conseil des Arts du Canada
The Canada Council for the Arts

Nous remercions le Conseil des Arts du Canada de
l'aide accordée à notre programme de publication.

Nous reconnaissons l'aide financière du gouvernement
du Canada par l'entremise du Programme d'aide au
développement de l'industrie de l'édition (PADIÉ)
pour nos activités d'édition.

Danielle Fecteau

L'effet placebo

le pouvoir de guérir

À ceux que j'aime, en espérant
qu'ils soient épargnés par la souffrance.

Le doigt pointe vers les étoiles...
Les étoiles brillent...
Tant pis pour ceux qui regardent le doigt !
ANONYME

Introduction

LE DIAGNOSTIC MORTEL

Simon, en vacances dans une île du sud, a dû être hospitalisé pour un empoisonnement alimentaire. Parce qu'il tousse légèrement, les médecins prennent une radiographie pulmonaire. Ils constatent alors la présence d'une petite tache sur l'un des poumons. Inquiets de cette découverte, ils en informent immédiatement leur patient en lui indiquant qu'il serait préférable de pousser plus loin les examens au cas où... Simon est pressé de questions : y a-t-il des cas de cancer dans sa famille ? A-t-il maigri dernièrement ? Éprouve-t-il des difficultés respiratoires ? Consterné, Simon décide de prendre l'avion pour rentrer chez lui le plus rapidement possible afin de consulter son médecin de famille. De retour, il doit cependant attendre deux semaines avant de pouvoir le rencontrer, deux interminables semaines qu'il passe envahi par une anxiété terrible, au point qu'il n'arrive même plus à dormir. Il est terrifié à l'idée de mourir, d'autant qu'il est encore si jeune : 35 ans. Et lui qui n'a jamais fumé ! Lorsqu'il entre enfin dans le bureau de son médecin, lui rapporte l'événement et lui remet la fameuse radiographie, il est épuisé par l'inquiétude et la peur. Pourtant, en écoutant l'histoire de Simon, son médecin est loin d'être alarmé. Il sourit en lui lançant : « Ne t'en fais pas ! J'avais déjà remarqué cette petite tache voilà bien longtemps, mais elle n'a jamais changé de dimension. C'est pourquoi je n'ai pas cru bon de t'en parler. Inutile de t'inquiéter ! » Le médecin sort les radiographies des dernières années et les présente à Simon en les comparant à celle qu'il vient de rapporter de voyage : « Tu vois, la tache n'a pas grossi. » Simon n'est pourtant pas rassuré car il a du mal à respirer depuis quelques jours. Pour l'apaiser, le médecin l'envoie passer une nouvelle radiographie. Simon se rend aussitôt au laboratoire. Quelque temps plus tard, le médecin, à son grand étonnement, constate que la tache, si minuscule encore deux semaines plus tôt lorsque ses collègues étrangers ont examiné Simon, envahit maintenant tout le poumon droit. Malgré les meilleurs traitements, Simon ne survivra pas : il sera emporté par la maladie après quelques semaines de terribles souffrances. En refermant le dossier, le médecin ne sait que penser. Bien sûr, il ne peut contester que son patient est décédé des suites d'un cancer. Pourtant, pendant plus de vingt ans, à l'occasion de la visite annuelle de Simon, il lui avait fait faire une radiographie pulmonaire, et la tache n'avait jamais évolué. Il en avait même conclu que, puisqu'elle était déjà présente quand Simon était âgé d'à peine 15 ans, le jeune homme devait être né avec. Qu'avait-il bien pu se produire pour qu'elle grossisse soudainement et à une vitesse prodigieuse, au point de l'emporter en quelques semaines ?

UNE NOUVELLE VIE

Michael vient de recevoir la nouvelle : c'est une leucémie, une leucémie pour laquelle les spécialistes ne peuvent rien. On lui donne tout au plus six mois à vivre. En sortant de la clinique, Michael rentre chez lui, remplit une valise et part se retirer quelques jours à la campagne. Le lendemain, assis devant un lac, il fait un bilan de sa vie. Il a réussi, du moins il a toujours fait ce que l'on attendait de lui. Il est devenu ingénieur même si cette profession ne l'a jamais vraiment emballé, mais ses parents y tenaient tellement… Puis, il s'est marié avec une femme belle et intelligente qui est elle aussi ingénieur. Ce n'est pas le grand amour, mais ils partagent tous les deux les mêmes intérêts, les mêmes aspirations professionnelles. Dans la trentaine, ils planifient déjà de prendre leur retraite vers 50 ans. Michael sait depuis toujours ce qu'il compte faire de son temps une fois ce moment venu, ce dont il rêve depuis l'adolescence : acheter une terre et y cultiver des arbres fruitiers. Se lever tous les matins et se précipiter dehors dès le lever du soleil puis y demeurer jusqu'à la brunante. Récolter les pommes, les prunes, les cerises. Pourquoi n'a-t-il pas défié ses parents lorsque ceux-ci avaient ridiculisé ses projets alors qu'il était encore un jeune étudiant enthousiaste ? À présent, Michael est conscient qu'il n'atteindra pas l'âge de 50 ans et que son rêve ne deviendra jamais réalité. Le verdict est tombé : il va mourir avec l'impression d'être passé à côté de sa vie, à côté de lui-même.

Pendant trois jours, Michael demeure au chalet, en silence, à contempler la nature, se remémorant chaque moment de sa vie. Un après-midi, il téléphone à sa femme et à son employeur et leur annonce la décision qu'il vient de prendre : il ne rentrera pas, il ne rentrera plus, ni à la maison, ni au travail. Il va profiter au maximum du temps qui lui reste à vivre. Au hasard d'une promenade en voiture, il s'arrête chez un pomiculteur auquel il offre ses services gratuitement. Dix ans plus tard, Michael est toujours vivant. Il est maintenant associé avec le pomiculteur et sa maladie de sang a complètement disparu. On dit de lui qu'il est un cas de rémission spontanée, un de ces cas de guérison miraculeuse que la science n'arrive pas à expliquer.

L'INJECTION ESPÉRÉE

La littérature médicale rappelle souvent la fameuse histoire de monsieur Wright. Monsieur Wright est mourant. Il est littéralement envahi de tumeurs malignes que l'on dit « grosses comme des oranges ». Certains de ses organes en sont même déformés. Pour la médecine, il s'agit d'un cas désespéré. L'homme est donc hospitalisé et le personnel médical s'attend à ce qu'il succombe dans les semaines à venir. Mais monsieur Wright a entendu parler d'un nouveau médicament contre le cancer qui doit justement être testé dans l'hôpital où il séjourne. Il demande donc à son médecin de lui administrer ce nouveau traitement car il est convaincu que celui-ci pourrait le sauver. Le spécialiste refuse en alléguant que la maladie est trop avancée et que le médicament doit être testé sur des personnes ayant au moins une espérance de vie, ce qui n'est pas son cas. Mais monsieur Wright ne lâche pas prise ; il est tellement convaincu que ce médicament est bon pour lui qu'il insiste auprès du médecin. À la veille d'un long congé, ce dernier constate que la condition de son patient s'est grandement détériorée. Le voyant dans cet état et sûr qu'il ne passera pas la fin de la semaine, le médecin décide de lui administrer une injection en prétendant qu'il s'agit du fameux produit. En fait, il ne veut que faire plaisir à l'homme qui va bientôt mourir et il se contente de lui donner une injection d'eau. Le médecin s'absente ensuite pour le week-end, s'attendant à trouver un lit vide à son retour. Quelle n'est pas sa surprise, le lundi matin, lorsqu'il aperçoit monsieur Wright debout dans un couloir de l'hôpital, occupé à bavarder avec des infirmières. Le médecin l'examine aussitôt pour constater que ses tumeurs ont fondu comme neige au soleil ; un phénomène impossible d'après les physiologistes et inexplicable au vu des connaissances médicales. Monsieur Wright quitte bientôt l'hôpital, parfaitement rétabli et en état de reprendre son travail.

Quelques mois plus tard, le miraculé entend cependant dire que les résultats obtenus après des essais cliniques démontrent que le médicament qu'il est censé avoir reçu lors de son dernier séjour à l'hôpital s'avère peu efficace dans le traitement du cancer. Peu de temps après, monsieur Wright est de nouveau hospitalisé : de nombreuses tumeurs sont réapparues. Le stratagème ayant fonctionné une première fois, le médecin décide d'administrer une autre injection d'eau en expliquant à monsieur Wright qu'il s'agit d'une version améliorée du médicament. La tactique fonctionne et le résultat est tout aussi spectaculaire que précédemment : une seconde fois, les tumeurs disparaissent en quelques jours.

L'histoire de monsieur Wright ne se termine malheureusement pas aussi bien. Au cours de l'année suivante, les résultats officiels des études sur le médicament sont rendus publics : le produit, inefficace, est abandonné. Les tumeurs de monsieur Wright réapparaissent, mais cette fois-ci son médecin ne peut rien pour lui.

LE « BON » GROUPE

Marika est séropositive. Elle l'a appris voilà cinq ans. À cette époque, parce que sa résistance immunitaire était déjà très affaiblie, elle a immédiatement accepté de suivre un traitement expérimental. On l'avait alors assurée que ce type de traitement permettrait de parler bientôt du syndrome d'immunodéficience acquise (SIDA) en termes de maladie chronique plutôt qu'en termes de maladie irrémédiablement mortelle. Marika était très confiante ; elle savait que son médecin jouissait d'une réputation internationale et elle avait entendu dire beaucoup de bien du traitement proposé. L'unique ombre au tableau était que, dans le cadre des protocoles de recherche concernant l'efficacité des nouveaux médicaments, seulement une moitié des participants reçoivent le véritable médicament ; les autres sont assignés à un groupe contrôle, c'est-à-dire un groupe dont les membres se voient administrer un médicament fictif et dépourvu d'efficacité. De plus, pour que les résultats de l'étude ne soient biaisés d'aucune façon, ni le médecin ni les patients ne savent qui fait partie de quel groupe. Bien sûr, au début, Marika s'est inquiétée du fait qu'elle avait peut-être été assignée au groupe contrôle. Par contre, elle a vite ressenti certains des effets secondaires attribués au nouveau médicament. Elle a donc été rassurée de savoir qu'elle comptait parmi les chanceux qui prenaient la véritable médication. Les résultats n'ont d'ailleurs pas tardé à le montrer et ont été très convaincants dans son cas. En fait, son système immunitaire s'est renforcé au point qu'il paraît aujourd'hui tout aussi normal et résistant que celui d'individus qui ne sont pas porteurs du virus.

Chaque fois que Marika se présentait pour son suivi médical, elle rencontrait un jeune homme qui participait lui aussi aux essais du fameux traitement. Or, la condition de ce dernier se dégradait continuellement. Au dernier rendez-vous, il n'était d'ailleurs plus présent dans la salle d'attente comme à l'habitude. C'est en s'informant à son sujet auprès du médecin qu'elle apprit la triste nouvelle de son décès. Ce jour-là, elle s'est dit que le pauvre jeune homme avait dû être assigné au groupe contrôle et qu'il n'avait donc pu bénéficier des merveilles du nouveau traitement. Elle comprit alors que, comme le jeune homme, elle aurait pu mourir, et qu'elle devait sa vie au médicament.

Ce que Marika ne sait pas, c'est que le jeune homme prenait bel et bien le médicament et que, contrairement à ce qu'elle a toujours cru, c'est elle qui avait été assignée au groupe contrôle. Les cachets qu'elle prend chaque jour depuis cinq ans ne contiennent absolument rien qui combatte le virus. Ils ne sont composés que de substances provoquant des effets secondaires similaires à ceux engendrés par le médicament original pour faire croire aux participants du groupe contrôle qu'ils absorbent vraiment le médicament.

MARIKA, MONSIEUR WRIGHT, MICHAEL, SIMON ET LES AUTRES

Nous entendons régulièrement des histoires comme celles de Marika, de Simon, de Michael et de monsieur Wright, qu'elles soient rapportées par des chercheurs, des médecins ou des membres de notre entourage. Il est fascinant de constater que des personnes atteintes d'un virus considéré comme mortel, telle Marika, passent à deux doigts de la mort et n'en sauront jamais rien. Que d'autres, comme son compagnon de salle d'attente, reçoivent les meilleurs traitements mais dépériront tout de même. Que certains, comme Michael, atteints d'une maladie incurable et condamnés, guériront soudainement, sans traitement aucun et de manière quasi miraculeuse. Que d'autres enfin, tel Simon, tombent malades, voire meurent rapidement après avoir été informés de leur condition qui n'était pourtant pas mortelle avant que le diagnostic ne soit posé.

Des cas semblables questionnent et déroutent les chercheurs depuis bon nombre d'années. Mais grâce aux recherches sur ce que l'on appelle «l'effet placebo», ces derniers les comprennent aujourd'hui mieux que jamais. Depuis les années 1950, de multiples études scientifiques ont été conduites et les résultats n'ont cessé d'étonner. Lorsque j'ai commencé à m'intéresser sérieusement au sujet, je faisais de la recherche dans le cadre de mes études au doctorat. Je me spécialisais alors en psychophysiologie, le domaine qui étudie le lien entre les pensées, les émotions et le corps. Alors que je devais donner un premier séminaire, je décidai de parler d'effet placebo et d'autoguérison, un sujet qui laissait plusieurs de mes collègues sceptiques. La réaction n'a pas tardé : j'avais, selon certains, choisi un thème « peu scientifique ». Plutôt que de me décourager et d'abandonner mon idée, j'ai décidé d'entreprendre des recherches ; ce sujet me tenait trop à cœur et qu'avais-je à perdre ? Quelle n'a pas été ma surprise lorsque j'ai réalisé que des centaines d'études en laboratoire avaient été menées et des milliers d'observations cliniques faites — le tout de manière on ne peut plus scientifique et documenté par de multiples publications de chercheurs reconnus et de tous les continents. Avant même de débuter mes travaux, j'étais profondément convaincue que nous sommes doués d'une faculté d'autoguérison. Par contre, j'avoue que je ne savais pas si je trouverais ne serait-ce qu'un tant soit peu de confirmation de nature scientifique. Or, les informations que je découvrais dans les articles scientifiques étaient des plus impressionnantes et dépassaient toutes mes espérances. Par ailleurs, j'étais extrêmement étonnée de constater que toute la connaissance acquise sur le phénomène de l'autoguérison n'est pas partagée avec le grand public. Le séminaire a été un franc succès et certains de mes collègues ont été les premiers à demander qu'il soit présenté à d'autres étudiants. Finalement, eux aussi étaient ravis d'apprendre que grâce aux observations et aux données acquises au cours des cinquante dernières années, *il est aujourd'hui permis d'affirmer hors de tout doute que l'autoguérison est possible et démontrée.*

Dans ce livre, je présente ce que des milliers de pages de lecture et plusieurs années de recherche m'ont permis de découvrir. J'espère que ces informations vous passionneront autant que moi.

1
Des toiles d'araignée aux antidépresseurs

Il était une fois un mensonge...

DE LA POUSSIÈRE DE ROCHE QUI GUÉRIT

Dans l'Égypte et la Grèce antiques[1], on prescrivait aux malades des remèdes considérés aujourd'hui comme tout à fait farfelus et qui amuseraient bien les pharmaciens du XXIe siècle. Parmi les plus populaires, se trouvaient la poussière de roche, le sang de lézard, les toiles d'araignée et la poudre de momie. La prière et l'imposition des mains étaient aussi monnaie courante. Si ces traitements paraissent plutôt inoffensifs, d'autres feraient dresser les cheveux sur la tête des spécialistes en bactériologie et en virologie. Il était en effet d'usage de préparer des potions curatives à l'aide d'excréments d'animaux, de viande putréfiée ou de moisissures recouvrant le crâne des défunts. En promettant des miracles aux patients, les médecins leur faisaient ensuite avaler ces mélanges que l'on qualifierait assurément de poisons aujourd'hui. Bien que les éléments et leurs formes aient quelque peu varié, l'on peut dire que jusqu'au début des années 1900, des remèdes considérés à présent comme totalement inefficaces ont été abondamment utilisés par les thérapeutes. Sperme de grenouille et transpiration humaine ne cédaient pas leur place et étaient prescrits avec conviction. Toutes sortes de procédures plus fantaisistes les unes que les autres étaient aussi suivies : suspendez le malade par les pieds pendant plusieurs minutes, voire quelques heures, et les crises d'épilepsie cesseront. Écrasez un ver de terre entre deux doigts de la main droite puis appuyez l'un de ces doigts sur la gencive douloureuse et la douleur disparaîtra. Une fois guéri, si vous voulez prévenir les maux de dents, assurez-vous de manger une souris par mois. Vous souffrez plutôt de douleurs à l'estomac ? Qu'à cela ne tienne ! Trouvez une paire de chaussures ayant appartenu à un grand marcheur, faites-en moudre la semelle et avalez la mixture ! Vos malaises ne seront plus qu'un mauvais souvenir…

Même si ces conseils font sourire, il n'en demeure pas moins que les médecins des époques antérieures étaient grandement respectés et appréciés. De plus, et cela ne manquera pas d'étonner certains lecteurs, ils obtenaient beaucoup de succès et soulageaient de nombreux maux, même des plus sévères. En 1807, Thomas Jefferson, troisième président des États-Unis, affirmait ainsi que les meilleurs médecins de son époque étaient ceux qui utilisaient souvent des médicaments inoffensifs tels que des pilules de pain et des gouttes d'eau colorée. Avec le peu de connaissances qu'ils possédaient, les disciples de la médecine pratiquaient cet art de façon somme toute efficace.

LE POUVOIR DE LA CONFIANCE

Est-il possible que le secret des médecins ait été caché dans leur attitude ? En effet, ce n'était pas tant le médicament qui retenait leur attention que le patient lui-même et la façon dont ils lui administraient ce médicament. Depuis les temps anciens et jusqu'à il n'y a pas si longtemps, ils considéraient que le plus important dans le traitement des malades consiste à leur prodiguer des soins avec chaleur humaine et empathie. Il s'agit tout d'abord de les réconforter. Ces thérapeutes passaient donc beaucoup de temps auprès de leurs patients, à les examiner, les toucher, les questionner et les rassurer. Lorsqu'ils jugeaient nécessaire de prescrire une médication, ils ne devaient le faire qu'avec l'intention de guérir et la conviction profonde qu'elle avait les vertus thérapeutiques recherchées. Surtout, les soignants s'assuraient de communiquer cette intention et cette conviction à leurs patients. Hippocrate, dont on parle comme du plus grand médecin de l'Antiquité, considérait d'ailleurs que la confiance est la clé du pouvoir de guérison. Selon lui, plus un médecin suscite la confiance, plus grand est son succès. Il semble que cette croyance dans l'effet bénéfique de la confiance ait prévalu sur tous les continents, peu importe la culture : les médecins romains possédaient par exemple des amulettes et des fétiches propres à impressionner les malades afin d'augmenter la foi de ceux-ci dans leur capacité à les guérir ; de leur côté, les chamans des diverses tribus autochtones procédaient à des rituels complexes et secrets afin d'entretenir la croyance de leurs patients en leurs pouvoirs magiques. Médecins, grands prêtres et chamans du passé ne doutaient pas de la guérison et ne questionnaient pas sa légitimité ; l'essentiel était que les malades se portent mieux.

Bien qu'ils fussent dépourvus de moyens matériels sophistiqués, les premiers médecins donnaient priorité au contexte dans lequel les malades étaient soignés. Puisant dans une connaissance qui s'est perdue, ou simplement par intuition, ils savaient que le médicament a bien peu d'importance quand il s'agit de guérison. Aussi, bien qu'ils ignoraient la plupart du temps quel remède utiliser pour soigner une maladie donnée, ils en prescrivaient un, qu'il s'agisse d'une potion, d'un toucher ou d'une simple prière. Tout comme Platon, ils croyaient qu'il est préférable de prescrire un remède inefficace que de dire à un malade qu'il est incurable, et que *ce n'est que lorsqu'il est utilisé comme médicament qu'un mensonge peut être utile !*

« POUR FAIRE PLAISIR »

Avec le XXe siècle, nous sommes entrés dans l'ère de la science moderne. Les découvertes comme celle de Pasteur et les nouvelles méthodes scientifiques ont complètement modifié notre façon de voir les choses. Graduellement, les mentalités ont changé. L'on ne croit dorénavant qu'à ce qui peut être mesuré, touché, observé : les faits concrets. Seuls le visible et le palpable existent ; l'invisible, pense-t-on, n'existe pas, il relève de l'imaginaire et ne peut donc avoir d'effet sur le corps humain. On ne parle plus de mauvais esprits et d'esprits malades mais de cerveaux défaillants, d'organes dysfonctionnels et de corps infestés de microbes, de virus. Dans ce contexte, l'imposition des mains, les incantations et les potions magiques font bien mauvaise figure. Tout traitement, ou composante d'un traitement, ne possédant pas de substance physiologiquement active ou n'impliquant pas une procédure jugée efficace par les scientifiques, est considéré comme un traitement dépourvu de valeur. Les dictionnaires médicaux contiennent d'ailleurs un terme pour décrire ce type de traitement : un *placebo* ; un mot latin tirant son origine d'un psaume de la Bible des Hébreux, signifiant « pour faire plaisir » ; une expression utilisée par le passé pour désigner les individus jouant les flatteurs à la cour des rois ; un terme qui suscite aujourd'hui le mépris de la communauté médicale car il est devenu synonyme de tous les médicaments et gestes qui sont sans effet présumé mais auxquels les médecins recourent dans le simple but de contenter les patients. Or, en nos temps modernes, donner un médicament pour rassurer ou satisfaire un patient est considéré comme un acte bien naïf. De nos jours, prescrire un traitement dont on n'est pas convaincu des propriétés curatives est perçu comme futile et non scientifique. Si un placebo soulage un malade, on ne parle pas de guérison mais bien d'*effet placebo*, et l'on se méfie. Ce phénomène de soi-disant guérison est abordé sous un tout autre angle que par le passé. On lui cherche une explication logique, rationnelle, qui entre à l'intérieur du cadre de connaissances acceptées : « Le patient était sur le point de guérir », « Cet homme n'était pas vraiment malade ». Les personnes dont la maladie disparaît après l'administration d'un placebo, qu'il s'agisse d'un comprimé de sucre, d'une injection d'eau ou de simple réconfort, sont aussi souvent dénigrées : « Elles ne veulent qu'un peu d'attention », « Ce sont des malades imaginaires », « Elles souffrent de maladies psychosomatiques ».

Pourtant, malgré cette vision et les progrès rapides de la science dans le domaine de la médecine, étonnamment, les médecins du XXᵉ siècle conservent tout de même cette bonne vieille habitude de prescrire « pour faire plaisir ». Parce qu'ils se sentent parfois démunis devant les souffrances de leurs patients, qu'ils ne disposent pas de médicaments efficaces pour soigner certaines maladies, ou qu'ils considèrent certains de leurs patients comme des «malades imaginaires», ils recourent fréquemment au placebo. Bien sûr, ils ne prescrivent plus de poussière de roche ou de séances d'imposition des mains. Nos placebos ont bien évolué. Les laboratoires pharmaceutiques les offrent dans une panoplie de formes et de couleurs permettant de mimer exactement tous les médicaments connus. La publicité qui leur est faite en dit long: *The Placebo: The Only Universal Medicament!* Impossible de distinguer l'antibiotique placebo du véritable antibiotique: dans les deux cas, le cachet est ovale, rouge et laisse le même arrière-goût quand on l'avale. Même chose pour tel cataplasme placebo à étendre sur la poitrine: il a l'allure du vrai, mais il s'agit d'une mixture à base de bicarbonate de soude.

La plupart des nouveaux placebos ne contiennent pas de substances actives; ils sont inertes et sont donc considérés comme n'ayant pas d'effet. C'est le cas des comprimés de sel ou des injections d'eau, par exemple. Certains sont actifs car on y glisse des produits chimiques qui provoquent des réactions de l'organisme. Pour quelle raison? Pour rendre leur action plus crédible encore et convaincre le patient qu'il s'agit d'un véritable médicament. L'individu qui a la migraine et qui prend un cachet, qui constate que sa bouche s'assèche et qu'il tremble légèrement, est convaincu de prendre un médicament des plus efficaces: «Si le produit est assez puissant pour causer de tels effets secondaires, il doit sûrement combattre la maladie avec force!», se dit-il.

Plus un patient demande de l'attention ou exige qu'on le soulage, car les traitements qu'il a reçus à ce jour ne l'ont pas aidé, plus il a de chances de se voir prescrire un placebo. C'est parfois la frustration ou le découragement qui pousse le thérapeute à recourir au placebo: la personne est atteinte d'une maladie connue mais tout ce qu'il lui a donné jusque-là et qui aurait dû la soulager est resté sans effet. Dans d'autres cas, les examens n'indiquent aucune anomalie, mais le patient continue de se plaindre de symptômes et insiste. La relation entre le soignant et le malade se détériore. Le médecin décide alors de donner au patient ce que celui-ci veut : un traitement. Pour certains médecins, une telle attitude pose un grave problème d'éthique : on ment au patient ; de plus, on cesse l'investigation, ce qui fait courir le risque de passer à côté d'une maladie réelle et peut-être grave. Mais pour beaucoup de praticiens, il s'agit d'un moyen comme un autre de satisfaire les patients : « Après tout, ce sont des substances inoffensives, elles ne peuvent donc faire de mal ! », estiment-ils. Et l'on ne s'en tient pas aux simples pilules et injections : on recourt dorénavant à toutes sortes de procédures placebos telles que des manipulations et des examens sophistiqués[2]. Le spécialiste introduit par exemple un tube dans l'œsophage de celui qui souffre de l'estomac même s'il sait très bien que ce type d'intervention n'a aucun effet sur son malaise. Des chirurgies placebos se pratiquent aussi. Il est courant d'anesthésier un patient, de lui faire une incision, puis de recoudre sans avoir procédé à une intervention proprement dite : on ouvre, on referme et on renvoie le malade chez lui. Le plaignant est satisfait et, dans de nombreux cas, la stratégie est efficace : ses maux disparaissent, l'effet placebo a fait son œuvre. Quant au malade, il ne saura jamais qu'on ne l'a en fait pas vraiment opéré. Finalement, on conclut une fois de plus : « Encore un qui n'était pas vraiment malade ! » Des placebos sont aussi très souvent donnés par accident. À la suite de mauvais diagnostics, les médecins prescrivent en effet des médicaments qui, s'ils sont efficaces pour la maladie qu'ils ont diagnostiquée, n'ont aucun effet connu sur la condition réelle du malade. Dans ces cas, les patients prennent des médicaments qui s'apparentent donc à des placebos.

Il est aussi des cas où, bien que motivée par des intentions louables, l'utilisation des placebos fut des plus douteuses et contestables. Au début du XXe siècle, la seule cure existante pour soigner la syphilis était mortelle dans 50 % des cas. Des chercheurs ont donc décidé que dans la mesure où les patients n'avaient qu'une chance sur deux de vivre, ils pouvaient se servir d'eux comme de cobayes et, sans les en informer, leur prescrire un placebo plutôt que le véritable traitement. À mesure que les patients dépérissaient, les chercheurs pouvaient ainsi étudier le développement de la maladie. Les chercheurs eurent recours à cette façon de faire pendant une trentaine d'années auprès de 400 patients.

En 1950, alors que la science médicale et que la pharmacologie sont en plein essor, on constate, oh! surprise, que *les placebos sont les médications les plus prescrites en Amérique du Nord et en Grande-Bretagne* : 40 % des ordonnances. Pourtant, la grande majorité des médecins se défendent bien de les utiliser. Interrogés à ce sujet, la plupart d'entre eux estiment qu'ils donnent en moyenne trois fois moins de placebos que leurs confrères. Certains, rares et moins gênés que d'autres d'aborder la question, reconnaissent qu'admettre prescrire plus de placebos que toute autre médication reviendrait à dire d'eux-mêmes qu'ils sont peu utiles, voire incapables de régler la plupart des problèmes de leurs patients. D'autres enfin prétendent que c'est le sentiment de culpabilité que certains d'entre eux éprouvent quand ils recourent aux placebos qui empêche ceux-ci d'en parler ouvertement. Sans compter que la nouvelle définition médicale d'un placebo devient très claire à cette époque : «Une substance inerte, inactive et sans effet connu pour traiter la condition du malade[3]. »

QUAND ON NE SAIT PLUS CE QUI AGIT

Jusqu'alors, l'on ne se préoccupait pas trop de ces gens qui, au moins apparemment, guérissent quand on leur donne des placebos ; on se contentait de prescrire et on évitait le sujet. Mais au milieu du XXe siècle, le domaine de la pharmacologie est en pleine expansion. C'est l'époque des drogues chimiques, des antibiotiques. Les gouvernements commencent à investir beaucoup d'argent dans la recherche et le développement de nouveaux traitements. Pour cette raison, ils veulent s'assurer du bien-fondé et de l'utilité des recherches. De plus, ils exigent des contrôles pour protéger la population, ils veulent être certains que les médicaments mis sur le marché sont efficaces et sans danger. De nombreux intervenants de différents milieux sont donc impliqués : administrateurs, fonctionnaires, chercheurs, expérimentateurs, universitaires. Le développement de nouveaux médicaments et les méthodologies scientifiques sont surveillés de près. Avant d'être mis en œuvre, les projets de recherche doivent à présent passer par divers comités scientifiques et éthiques et recevoir leur approbation. Les essais des nouveaux produits sont tenus de se dérouler suivant des protocoles stricts. Quant aux résultats des études, ils doivent être publiés dans des revues spécialisées pour être considérés comme valables par l'ensemble de la communauté scientifique. Dans un tel contexte, on ne peut plus tolérer ni ignorer les ambiguïtés, les problèmes méthodologiques, encore moins les anomalies.

Pour compliquer le tout, en 1953, un médecin chercheur reconnu, le Dr Beecher, brise le silence et ose aborder la question des effets placebos d'un point de vue scientifique. Pour la première fois, un article basé sur des recherches sérieuses est publié dans une revue médicale reconnue[4]. Selon ce spécialiste, il existe suffisamment de données montrant que les effets placebos ne sont pas banals : des gens effectivement malades, preuves diagnostiques à l'appui, auraient véritablement été guéris par des traitements placebos. À son avis, ce phénomène serait plus courant et complexe qu'on pourrait le penser. Il devient donc difficile d'évaluer ce qui se produit vraiment lors d'un traitement. Son article suscite de vives réactions. Les chercheurs éprouvent déjà des difficultés à distinguer les faux malades des vrais, s'ils doivent en plus ne pas être en mesure de distinguer les fausses guérisons des véritables… Des questions sont alors posées : comment démontrer et prouver l'efficacité des médicaments puisque certaines personnes semblent soulagées par de vulgaires comprimés de sucre ? Comment déterminer si ce sont vraiment les produits prescrits qui guérissent les malades ? Les organismes considèrent qu'ils n'ont plus le choix : il leur faut imposer des contrôles encore plus sévères. Les médicaments doivent faire l'objet de recherches adéquates permettant de distinguer leurs effets des autres facteurs à même d'influencer la condition des malades : changements spontanés de l'état général en cours de maladie, erreur de diagnostic, erreur d'interprétation des résultats, et enfin, le dernier venu, effet placebo. Pour satisfaire à ces exigences, chaque nouveau type d'intervention, chirurgical ou autre, et chaque nouveau médicament, sont testés selon une procédure méthodologique précise : expérimentation du traitement en laboratoire, démonstration de ses effets bénéfiques, établissement du pourcentage des malades qui les ressentent, prise en note des effets secondaires, et enfin, enregistrement de toutes les anomalies observées en cours d'expérimentation. De plus, avant de prétendre qu'un médicament est vraiment efficace, les chercheurs doivent prouver qu'il donne de meilleurs résultats qu'un placebo. Désormais, les effets du traitement proposé devront donc être comparés à ceux d'un traitement placebo.

Dès la fin des années 1950, pour s'assurer qu'un traitement sera approuvé par les gouvernements et proposé à la population par les établissements de santé, les chercheurs prennent l'habitude de le valider en le soumettant à un modèle type d'expérimentation : les personnes souffrant des symptômes d'une maladie et choisies pour l'étude sont réparties en deux groupes. Les participants du premier groupe, dit «expérimental», reçoivent le nouveau traitement. Les participants du second groupe, dit «placebo», reçoivent un simulacre de traitement (pilule sans contenu actif, injection d'eau, fausse chirurgie, palpations sans effets, technique de relaxation non reconnue, etc.). Souvent, on n'informe tout simplement pas le patient qu'il risque de suivre un traitement placebo car on craint qu'il refuse alors de participer à l'étude. Pour des raisons éthiques, certains chercheurs choisissent cependant de prévenir les patients de cette possibilité. Dans ces cas, afin de ne pas biaiser les résultats, les essais des nouveaux médicaments se déroulent en «double-aveugle» (*double-blind*). Ce procédé, qui deviendra standard, consiste à s'assurer que ni la personne qui donne le médicament, ni le patient qui le reçoit, ne sait dans quel groupe ce dernier a été assigné. Après la période de test du nouveau traitement, qui peut varier de quelques jours à plusieurs années, on valide les résultats. Ces résultats déterminent le sort réservé au nouveau traitement. Pour qu'il soit considéré comme efficace, la condition des personnes qui l'ont suivi doit s'être améliorée de façon significative, ce qui suppose la diminution ou la disparition de certains symptômes, voire une guérison complète.

Prenons l'exemple d'une expérimentation fictive visant à tester les effets d'un médicament censé diminuer la tension artérielle. Si, pour cette étude, 200 patients souffrant d'hypertension sont sélectionnés, une moitié d'entre eux se retrouvent dans chacun des deux groupes. Chaque jour, les membres du groupe expérimental prennent le médicament véritable tandis que ceux du groupe placebo avalent une pilule ne contenant que du lactose (sucre de lait). Pendant quatre semaines, la tension artérielle de tous les participants est prise régulièrement. Au bout de cette période, différents scénarios sont possibles. *Premier scénario*: la tension artérielle a diminué de façon significative chez 34 des 100 patients du groupe expérimental mais la même chose s'est produite pour 32 des 100 patients du groupe placebo. Dans ce cas, il est évident que le médicament ne sera pas considéré comme efficace puisqu'une pilule de sucre a autant d'effet. *Deuxième scénario*: 70 des patients du groupe expérimental se portent mieux et ce n'est le cas que pour 25 des patients qui prenaient un placebo. Cette fois, les chercheurs sont ravis: même si le placebo permet de réduire les symptômes de 25 patients, 45 malades de plus sont soulagés par le médicament. Celui-ci est donc efficace et sera sûrement approuvé. Mais voici un *troisième scénario*: 5 des personnes du groupe expérimental voient leur tension artérielle chuter alors que 80 de celles du groupe placebo se portent mieux. Là, les résultats sont non seulement décevants pour les chercheurs mais ils sont aussi carrément inquiétants: ils signifient en effet que si l'on ne donne qu'un traitement sans valeur, autrement dit, si on laisse les gens à eux-mêmes, ils ont plus de chances de guérir que s'ils prennent le médicament proposé; comme si le médicament non seulement ne les aidait pas mais leur nuisait. Par le passé, puisque aucun contrôle n'était exigé, ce médicament aurait été mis sur le marché et prescrit. De nos jours heureusement, l'obligation de comparer ce médicament à un placebo évitera la mise en marché d'un produit possiblement nocif pour la santé.

L'apparition de ces nouveaux contrôles dans les années 1950 fait que l'on conseille aussi de valider les traitements déjà utilisés en clinique et dans les hôpitaux afin d'évaluer et de répertorier leurs effets. Pour la plupart des membres de la communauté médicale, il s'agit là d'une simple formalité : il leur paraît évident qu'il sera facile de démontrer l'efficacité des produits et des interventions connus en les comparant à de simples placebos. D'autant que la science médicale a rapidement évolué et que les spécialistes enregistrent de bons taux de réussite dans le soin de plusieurs maladies aiguës et chroniques grâce aux traitements récents. C'est notamment le cas des ulcères l'estomac. On fait le test : la moitié des participants prennent le véritable médicament et l'autre moitié, un cachet inoffensif. C'est à ce moment-là que les choses se compliquent : après une semaine de prise du médicament, 56 % des personnes sont guéries de leurs ulcères, mais surprise… 37 % de celles qui prenaient le placebo le sont aussi. Plus dérangeant encore, six semaines plus tard, il y a autant de guérisons dans le groupe placebo que dans l'autre groupe. Conclusion : le médicament connu n'a aucun effet véritable puisque l'effet placebo fait aussi bien à lui seul.

À partir de là, on teste systématiquement les procédures et les médicaments utilisés régulièrement dans les cliniques et hôpitaux. Les médecins et les chercheurs vont alors de surprise en surprise[5]. Les essais réalisés sur un bronchodilatateur destiné aux asthmatiques démontrent, par exemple, qu'environ la moitié des gens qui l'utilisent ont une meilleure capacité pulmonaire et une plus grande facilité à respirer pendant un exercice physique ; mais les essais réalisés avec un placebo produisent exactement le même effet chez le même nombre d'asthmatiques. On constate un phénomène identique dans le cas d'un traitement régulièrement prescrit pour soigner l'herpès simplex : le traitement est efficace chez la presque totalité des personnes atteintes, mais lorsque l'on donne un placebo à d'autres personnes souffrant de cette maladie, on obtient exactement le même nombre de guérisons. D'autres études vont dans le même sens. On donne des analgésiques connus, telle la morphine, ou un placebo, à des personnes souffrant de douleurs postopératoires : 84 des patients qui absorbent l'analgésique ressentent un fort soulagement mais 88 de ceux qui prennent le placebo aussi. D'autres résultats toujours aussi surprenants sont rapportés : un médicament connu et couramment prescrit pour calmer l'anxiété ne soulage en fait que 2 % des malades tandis que le placebo aide 24 % d'entre eux.

Sur cette lancée, on procède à la validation de procédures chirurgicales fréquemment pratiquées[6]. Dans les années 1960, la glomectomie (ablation de la carotide) pratiquée sur 2535 patients obtient un taux de succès de 65 %, mais celui d'une chirurgie placebo est de 64 % ; la procédure sera d'ailleurs abandonnée en 1968. On compare ensuite une chirurgie habituellement recommandée pour l'angine de poitrine à une intervention placebo. Certains patients sont donc opérés selon la véritable procédure qui consiste en une ligature de vaisseaux sanguins. D'autres patients, eux, ne bénéficient que d'une chirurgie fictive : leur poitrine est incisée puis refermée sans qu'il y ait de ligature. Après l'intervention, un tiers des patients ne souffrent plus de douleurs dues à l'angine, mais dans chacun des deux groupes… Plus étonnant encore : un an après l'intervention, une partie de ceux qui ont subi la véritable opération et qui étaient guéris rechutent et souffrent à nouveau d'angine de poitrine, tandis qu'aucun de ceux guéris après la chirurgie placebo n'ont rechuté.

Finalement, à la fin des années 1970, c'est la consternation : le milieu scientifique réalise que de nombreuses procédures et de 35 % à 40 % des médications utilisées au cours des vingt dernières années n'ont aucun effet véritable sur les conditions pour lesquelles elles sont prescrites. Les patients dépensent au moins un milliard par année, aux États-Unis seulement, pour des produits totalement inefficaces. De nombreux traitements sont alors abandonnés : ils n'ont tout simplement rien à voir avec la guérison !

À LA DÉCOUVERTE DE L'AUTOGUÉRISON

Jusqu'au début des années 1980, la majorité des scientifiques et des cliniciens sont absorbés par la découverte de nouveaux médicaments, l'implantation de moyens rapides d'intervention et l'utilisation des nouvelles technologies médicales. Les coûts des soins de santé augmentent de façon astronomique et les finances des différents gouvernements commencent à s'essouffler. La plupart des médecins ont peu de temps à passer auprès de leurs patients et peu accordent de l'importance à la qualité de leur relation avec eux. La pratique de la médecine devient de plus en plus impersonnelle et le public s'en inquiète vivement. De plus, parce que l'on ne cesse de leur vanter les mérites et les exploits de la science moderne, les gens s'attendent à des résultats spectaculaires, or ces résultats tardent. C'est le début d'une période de profond mécontentement de la population à l'égard des soins de santé et des contextes de traitement. En Amérique du Nord les poursuites pour erreurs médicales et fautes professionnelles se multiplient.

Durant cette période, les améliorations obtenues à la suite de prise de placebos n'intéressent pratiquement plus personne. Les scientifiques continuent de les considérer comme des effets dérangeants qu'il conviendrait de neutraliser. Dans cet esprit, ils obligent les chercheurs à comparer constamment les nouvelles thérapies à des placebos, ce qui augmente les coûts associés aux recherches. De plus, avec l'arrivée de traitements comme la chimiothérapie, ils choquent certains médecins qui trouvent presque inhumain de devoir assigner des cancéreux à des groupes placebos. En fait, si les réactions aux placebos pouvaient disparaître, cela arrangerait bien des gens. On ne dépense donc ni temps, ni argent, ni énergie à essayer de comprendre les effets placebos. Tout l'intérêt est porté aux réactions et à l'évolution des patients des groupes expérimentaux, ceux qui reçoivent les véritables traitements. Et l'on continue de penser que les changements observés après la prise de placebos s'expliquent rationnellement : les gens n'étaient pas vraiment malades, ils ont fait l'objet d'une erreur de diagnostic ou se trouvaient sur le point de guérir, leur guérison a correspondu à une évolution naturelle de la maladie.

Un certain nombre de médecins et de chercheurs ont aussi leurs propres théories sur les personnes qui réagissent positivement aux placebos : il s'agit de personnes qui s'illusionnent, elles imaginent se porter mieux. Il arrive même, qu'exaspérés et dérangés par les patients qui réagissent aux placebos, certains chercheurs décident de procéder à des *placebos wash out* pendant les expérimentations. Le procédé consiste à éliminer du groupe placebo les gens qui éprouvent de nettes améliorations dès la prise de la première dose du médicament placebo, et à poursuivre l'expérimentation avec le reste des candidats. Une procédure des plus biaisées car de cette manière le nouveau médicament, pris par les personnes du groupe expérimental, apparaîtra inévitablement plus efficace que le placebo. De façon générale, les chercheurs ne s'intéressent pas aux effets enregistrés chez les patients des groupes placebos. Ils souhaitent plutôt les éliminer car ils les embarrassent. Les données recueillies chez ces patients ne sont tout simplement pas analysées. Sauf dans certains cas… C'est alors que les choses deviennent intéressantes.

Des scientifiques de renommée internationale commencent en effet à être sérieusement intrigués par ces gens qui prétendent avoir été guéris à la suite d'inoffensifs traitements placebos. Ils relisent la documentation scientifique, recensent des cas et questionnent des expérimentateurs et des cliniciens. Or, rapidement, ils constatent que les soi-disant miraculés ne sont pas toujours des malades imaginaires ou des personnes en voie de guérison naturelle. Des questions surgissent alors dans l'esprit de ces scientifiques : comment expliquer que des médecins reconnus rapportent avoir guéri de véritables ulcères d'estomac en prescrivant des médicaments totalement inefficaces pour cette condition ? Comment rendre compte de la disparition d'une tumeur cancéreuse après une chirurgie placebo ? Le chirurgien, désespéré par la taille de la tumeur, avait décidé de refermer l'abdomen sans la retirer en n'en disant rien à sa patiente. Pourtant, un mois plus tard, la masse n'y était plus. De nombreux cas de guérison due aux traitements placebos sont alors documentés, des cas de guérison véritable : des maladies diagnostiquées par des spécialistes qui ont disparu soudainement après la prise d'un remède complètement inactif, parfois même des maladies mortelles. Les données de certaines recherches[7] indiquent par ailleurs que des changements physiologiques mesurables ont été observés, en laboratoire, chez certains patients, immédiatement après la prise d'un remède placebo : dilatation de la pupille, augmentation et baisse de la tension artérielle et du rythme cardiaque, etc. On parle généralement d'effets physiologiques mais aussi parfois d'effets psychologiques : variation du degré d'anxiété, de l'humeur. Certains médecins affirment qu'il est faux de croire que tous les individus soulagés par des traitements placebos ont fait l'objet d'une erreur de diagnostic, ou qu'ils ne souffraient pas de véritables symptômes. « Il faut cesser de rire de ces miracles ! », lancent-ils. Quelques cliniciens osent même avancer que certains placebos agiraient parfois à l'image de véritables drogues, comme s'ils simulaient leurs effets. Des hypothèses émergent alors dans l'esprit de certains chercheurs : si certains des cas rapportés n'étaient pas l'effet du hasard ou d'un processus naturel de guérison ? Si les améliorations dues aux placebos observées pendant les expérimentations persistaient avec le temps, autrement dit, si des patients ne rechutaient pas après les essais en laboratoire ? Si des gens guérissaient vraiment sans médication, sans chirurgie aucune ? Si un autre phénomène était en jeu, un phénomène que nous ne connaissons pas ?

Le coup d'envoi est donné ! Un véritable engouement prend une poignée de chercheurs avant-gardistes, spécialistes de la santé, des médecins et des psychologues principalement[8]. Même s'ils vont à l'encontre du courant général centré sur la recherche de nouveaux médicaments et qu'ils travaillent pour la plupart sans subventions, ils développent leurs propres études scientifiques. En quelques années, il se publie soudainement plus d'articles sur « l'étonnant effet placebo » qu'au cours des cent dernières années. Ces chercheurs sont à paver une nouvelle route. Ce qu'ils ne savent pas, c'est que cette route les mènera tout à droit à la découverte d'un fabuleux potentiel : le potentiel d'autoguérison.

2
Un potentiel fabuleux

Ne cherche pas ailleurs car c'est en toi
que se trouvent les merveilles.

UN VÉRITABLE TRAITEMENT ET MÊME MIEUX...

Après plus de trente années de recherche systématique sur l'effet placebo, les résultats confirment que les êtres humains sont dotés d'un fabuleux potentiel d'autoguérison. Les centaines d'études conduites à ce jour spécifiquement sur l'effet placebo, et les milliers de données rassemblées à partir des tests réalisés sur les nouveaux traitements nous amènent à des conclusions qui ne font plus aucun doute : chaque fois que nous recevons un traitement, qu'il s'agisse d'une médication, d'une chirurgie, de physiothérapie, d'acupuncture ou de psychothérapie, le traitement n'est responsable que d'une partie des améliorations. L'autre partie est due aux effets placebos. Ces effets, qui se manifestent par l'amélioration, voire la disparition des symptômes, sont produits par notre corps du seul fait qu'il reçoit des soins. Les effets placebos sont toujours présents et se manifestent quelle que soit la valeur réelle du traitement. Autrement dit, lorsque nous sommes dans un contexte de soins, que nous recevons un traitement, notre organisme réagit. Ces réactions n'ont rien à voir avec le traitement lui-même, donc rien à voir avec le contenu du médicament, par exemple. Elles sont dues à nos propres mécanismes d'autoguérison qui s'enclenchent d'eux-mêmes. En fait, dans chaque guérison, intervient ainsi notre capacité à l'autoguérison. Et cela est vrai, que nous prenions un produit qui ait une véritable efficacité ou non. Le traitement peut être responsable de la plus grande partie des modifications ressenties et nos mécanismes d'autoguérison du reste. Mais nous sommes souvent responsables d'une grande part de la guérison, tandis que le traitement ne l'est lui-même que d'une petite partie — une partie qui, cela dit, fait parfois toute la différence, et c'est tant mieux. Si nous faisons l'expérience d'une guérison alors que le traitement que nous suivons est connu pour être totalement inefficace vis-à-vis de nos symptômes, c'est qu'elle repose entièrement sur les effets dits placebos, donc sur notre faculté d'autoguérison. Aussitôt qu'une personne est placée dans un contexte de soins, le déclic peut se produire. Le processus d'autoguérison s'enclenche alors systématiquement. C'est comme si le corps recevait tout à coup une commande et qu'il l'exécutait. Il se met à activer les mécanismes nécessaires à la guérison de la maladie. Et cela, même quand le traitement est de nature symbolique : discuter avec un thérapeute ou un pharmacien, par exemple. Être écouté, recevoir un diagnostic, être rassuré, a des effets directs sur notre état de santé. Avec ou sans prescription, le corps peut commencer à se soigner dès la sortie du bureau d'un spécialiste. Ce que l'on a appelé l'effet placebo n'a donc rien de « farfelu ».

Et n'allez pas croire que la guérison survient tout simplement parce que la maladie disparaît d'elle-même. Il n'en est rien ! Même si l'on a longtemps pensé que les effets placebos étaient dus au simple hasard ou au processus naturel de guérison, l'on sait aujourd'hui qu'il s'agit d'un tout autre phénomène. La preuve : lorsque nous recevons un traitement placebo, qu'il s'agisse d'un simple toucher, d'une parole bienveillante ou d'une injection d'eau, un processus de guérison véritable et mesurable s'enclenche ; un processus identique à celui observé lorsqu'un traitement reconnu pour son efficacité est suivi. Les réactions et la manière dont elles se développent sont donc les mêmes que celles enregistrées après la prise d'un médicament actif et efficace pour la maladie à traiter : dans les heures qui suivent la prise d'un médicament placebo l'on observe tout d'abord un début rapide de disparition des symptômes ; par la suite, tout comme lorsque l'on prend un véritable remède, les effets sont cumulatifs, c'est-à-dire que plus l'on prend de placebo, plus les améliorations sont importantes ; de plus, la courbe d'amélioration est la même que celle obtenue après l'ingestion d'une substance active, si bien qu'un pic est enregistrable au bout d'un certain temps ; enfin, si l'on prescrit des doses plus fortes d'un médicament placebo, les effets sont encore plus forts et les symptômes disparaissent plus rapidement. De fait, des modifications se produisent réellement dans notre organisme quand on nous prodigue des soins. Des symptômes peuvent ainsi disparaître et des patients atteints de maladies graves, parfois même mortelles, guérir.

Ces modifications sont observables, mesurables, et elles persistent après la fin du traitement. Encore plus impressionnant : lorsqu'elles cessent de prendre leurs médications placebos, certaines personnes souffrent de symptômes psychologiques et physiologiques de retrait, tout comme celles qui prennent un véritable médicament. Elles doivent donc diminuer les doses progressivement avant d'arrêter le traitement car leur organisme est devenu dépendant. Et leurs réactions ne sont pas imaginaires, loin de là ; elles sont tout ce qu'il y a de plus mesurable au moyen d'appareils, d'analyses et d'examens médicaux. Prenons l'exemple d'une personne anxieuse à laquelle son médecin prescrit un placebo en prétendant qu'il s'agit d'un anxiolytique. Chaque fois qu'elle prendra le placebo, son cerveau pourrait très bien se charger de libérer ou de bloquer certains neurotransmetteurs dans son organisme, tout comme le ferait un véritable anxiolytique. Elle ressentira ainsi rapidement un bien-être émotionnel et ses symptômes physiques d'anxiété disparaîtront. Mais lorsqu'elle voudra cesser la prise de l'anxiolytique placebo, elle devra peut-être le faire graduellement car il est possible qu'elle ressente les malaises associés au sevrage de ce type de médicament. N'est-il pas fascinant de constater que le corps peut créer sur demande les substances nécessaires à son rétablissement puis, par la suite, réagir au manque des substances qu'il a lui-même produites ?

Compte tenu de ces découvertes, la définition de l'effet placebo a bien changé. Ceux qui s'exclament encore en riant « Ce n'est qu'un effet placebo ! », sont loin de savoir ce que cela signifie réellement. Ce phénomène qui était autrefois considéré comme « un effet imaginaire pour une condition imaginaire » est aujourd'hui défini comme « une modification réelle à la condition physique ou mentale d'un individu provoquée par le simple fait de recevoir des soins, peu importe leur efficacité[9] ». En fait, la définition la plus précise et exacte que l'on ait donnée à ce jour a été fournie par le Dr Bulger, un chercheur américain, spécialiste du domaine : « L'effet placebo est une réponse biologique initiée au niveau du cortex cérébral, permettant l'activation des systèmes nerveux, endocrinien et immunitaire. Ces systèmes permettent alors d'enclencher des actions bénéfiques au niveau moléculaire et ainsi de guérir de la maladie[10]. » Si l'on en est arrivé à une telle définition, c'est que les effets physiologiques et psychologiques sont mesurables, ils n'ont rien d'imaginaire.

De nos jours, sur le plan médical, trois raisons sont donc reconnues comme pouvant expliquer l'amélioration de la condition d'un patient : 1) une régression naturelle de la maladie ; 2) un traitement connu pour avoir des effets concrets et efficaces sur les symptômes présentés par la personne ; 3) des effets non spécifiques au traitement, dits effets placebos. En fait, les effets placebos, qui correspondent à des changements dans notre condition physique, sont produits par notre corps lui-même et ne sont que l'expression de notre faculté d'autoguérison. L'existence et la puissance de cette faculté ne sont pas contestables. Il n'y a donc plus de médicament qui puisse être mis sur le marché s'il n'a pas d'abord fait l'objet d'études comparées avec un placebo. Tous les scientifiques doivent en tenir compte et une recherche sans groupe placebo risque fort de n'être pas prise au sérieux ou d'être contestée et critiquée au point que ses résultats ne puissent être publiés dans des revues scientifiques. On sait en effet trop bien que certains patients guérissent grâce à leurs seuls mécanismes d'autoguérison quel que soit le contexte de soins dans lequel ils sont placés. On ne peut plus l'ignorer. L'effet placebo est si répandu que s'il fait défaut chez les patients du groupe placebo au cours d'une expérimentation visant à valider un nouveau traitement, ce sont la qualité et la valeur de l'expérimentation qui sont mises en doute.

L'étude des effets placebos amène donc directement à l'étude du potentiel d'autoguérison. Bon nombre d'éminents chercheurs de tous les continents en ont fait leur champ d'expertise. Ils ont cumulé une grande quantité d'observations et les chiffres parlent d'eux-mêmes.

GUÉRIR LE CORPS : LES FAITS

De nombreuses études sur l'effet placebo démontrent jusqu'à quel point il est possible de réduire ou d'éliminer la douleur sans l'apport d'aucune drogue[11]. On sait par exemple qu'en moyenne 52 % des personnes souffrant de maux de tête ressentent un soulagement important si elles prennent un remède totalement inactif. Ce résultat est aussi élevé que celui obtenu lorsque de véritables analgésiques sont prescrits. De même, il est possible de donner des placebos après des interventions chirurgicales pour éviter les douleurs postopératoires. On sait entre autres que la morphine, utilisée pour soulager les douleurs sévères après une intervention, est efficace dans environ 70 % des cas. Par contre, en ne recevant rien d'autre qu'une simple injection d'eau, 35 % des gens sont tout autant soulagés. Cela signifie qu'en réalité, la moitié des gens qui sont traités à la morphine ne sont pas soulagés par celle-ci ; ils le sont grâce à leurs propres mécanismes physiologiques qui se déclenchent afin de produire l'effet analgésique. En fait, des analyses biochimiques indiquent que la prise d'un placebo a pour effet d'augmenter la concentration d'endorphines dans le sang. Cela revient à dire que lorsqu'un médecin ou un infirmier nous informe qu'il va nous administrer une substance pour réduire la douleur, un processus capable de libérer des substances analgésiques naturelles peut s'enclencher spontanément dans notre corps. Même lorsque nous prenons un véritable analgésique, une partie de l'analgésie serait tout de même produite par notre organisme.

Notre capacité naturelle à soulager la douleur est fort importante quand elle est comparée à celle des traitements chirurgicaux.

Des chercheurs ont revu 2054 cas d'interventions chirurgicales menées pour soulager des problèmes de disques lombaires dus à des traumatismes ou à des lésions. Les conclusions montrent qu'une procédure véritable a permis de soulager complètement la douleur sciatique chez 37 % des patients. Mais on a obtenu davantage de succès avec une chirurgie placebo : 43 % des personnes étaient soulagées sans qu'aucune intervention proprement dite ait été réalisée. Le problème de plusieurs formes d'interventions chirurgicales à la colonne vertébrale est que leur taux de succès n'est pas beaucoup plus élevé que celui obtenu à la suite d'une procédure fictive. Les spécialistes de la douleur en concluent que notre capacité à produire l'analgésie par nous-mêmes est pour beaucoup dans le soulagement de la douleur en général.

Nos mécanismes d'autoguérison sont aussi particulièrement puissants dans les cas de maladies aiguës ou chroniques[12]. On a par exemple constaté qu'en moyenne 68 % des personnes souffrant de problèmes digestifs sont soulagées par la prise de comprimés placebos. Avec des médicaments reconnus, on obtient un taux de succès d'environ 80 %. Ces chiffres indiquent que les médicaments ne sont responsables que de 12 % des améliorations. Le reste est entièrement dû à la faculté d'autoguérison des patients, faculté qui permet de modifier les processus physiologiques liés aux dysfonctions. De même, les taux de guérison des ulcères peptiques sont excellents avec la prise de placebos : une moyenne de 48 % à 68 %. Des problèmes d'ordre gynécologique sont aussi traités par des traitements placebos : on a ainsi pu soigner des cas anovulatoires et de dysménorrhée avec des pourcentages de guérison variant de 10 % à 84 % selon les études. Des tests cliniques et en laboratoire ont aussi démontré qu'il est possible de soulager l'asthme chronique chez 37 % des patients grâce à des médicaments placebos. Les traitements fictifs peuvent aussi réduire, voire guérir, des symptômes de maladies aussi importantes que l'hypertension. Il semble en effet que la tension artérielle puisse être contrôlée par la prescription d'un traitement placebo dans 50 % des cas. Des taux de succès étonnants ont même été obtenus dans le traitement de l'arthrite, une maladie pourtant très difficile à soigner. On pourrait ainsi citer des centaines de résultats d'études prouvant que des traitements placebos sont susceptibles de soulager toutes sortes de symptômes et de maladies : fièvre des foins, allergie, toux, incontinence, eczéma, etc. Même lorsque les chercheurs en pharmacologie testent des médicaments pour des troubles graves du système nerveux tels que l'épilepsie, ils observent systématiquement des changements dans la condition des patients du groupe placebo.

Il est essentiel de se rappeler une chose à propos de toutes les études citées précédemment : c'est notre corps qui se charge du travail de guérison, parfois en partie, parfois entièrement. Il peut donc agir sans l'aide d'aucune substance, d'aucune intervention directe, sur les symptômes dont nous souffrons. Il suffit souvent que le médecin nous prescrive un traitement pour que notre corps se charge d'activer les bons mécanismes physiologiques qui mèneront, dans les meilleurs cas, à une guérison complète. Il arrive même que les résultats soient meilleurs si les patients suivent un traitement fictif que s'ils prennent le médicament habituellement prescrit. Dans certains cas, les améliorations et guérisons sont deux fois plus nombreuses. Comme si le corps humain connaissait mieux que quiconque les mécanismes exacts qu'il doit mettre en marche pour soulager et enrayer la maladie. Et ces guérisons sont bel et bien réelles. Des mesures physiologiques et psychologiques ont été prises lors de chacune des études mentionnées : la température du corps change et la fièvre chute ; les taux d'hormones varient dans le sang afin que des hormones en trop grande quantité soient éliminées et d'autres, manquantes, mises en circulation ; le rythme cardiaque et la tension artérielle augmentent ou diminuent selon ce qui est nécessaire au rétablissement de l'équilibre ; la quantité d'acide gastrique varie ; l'activité du système nerveux est modifiée de telle sorte que des neurotransmetteurs sont produits et libérés dans l'organisme ; certaines régions du cerveau sont stimulées ; des plaies visibles guérissent puis disparaissent. Les réactions physiologiques à des placebos démontrent aussi qu'une personne a la capacité de réduire naturellement ses symptômes de sevrage aux drogues et à l'alcool. Les effets enregistrés lors de la prise de placebos l'illustrent bien car ils sont identiques à ceux provoqués par les substances chimiques normalement prescrites en cas de sevrage : baisse du nombre de pulsations cardiaques à la minute ainsi que de la tension artérielle ; réduction des symptômes physiques et psychiques d'anxiété, de dépression et d'irritabilité.

Ce qui est encore plus étonnant, c'est qu'il n'est même pas nécessaire qu'un traitement soit suivi pour que les mécanismes d'autoguérison soient stimulés et que des changements positifs se manifestent. Quand on affirme qu'il suffit d'être placé dans un contexte de soins, en voici une bonne preuve. Des médecins chercheurs ont étudié les effets des examens diagnostics sur des patients souffrant de douleurs à la poitrine[13]. Ces douleurs avaient amené ces personnes à consulter car elles étaient typiques des problèmes cardiaques. Les médecins ont soumis la moitié des patients à des examens : électrocardiogramme et tests sanguins. L'autre moitié des patients ne passaient aucun test, ils n'étaient qu'interrogés pendant la rencontre. Chez 80 % de ceux qui ont passé les tests, la condition s'est stabilisée ou améliorée. Par contre, la condition de la moitié de ceux qui n'avaient pas eu droit aux examens s'est détériorée au cours des mois suivants.

On pourrait penser que les êtres humains ne sont aptes à enclencher leurs mécanismes d'autoguérison que dans le cas de maladies bénignes, mais il n'en est rien. Des effets placebos positifs durables sont connus dans le cas de maladies chroniques telles que le diabète et le Parkinson[14]. De même pour des maladies parfois mortelles comme les troubles cardiaques (infarctus, angine, arythmie, etc.), le cancer et le SIDA (une maladie sur laquelle je reviendrai car elle a fait l'objet d'études particulièrement intéressantes).

Et que penser de toutes ces personnes dont on dit qu'elles réagissent par le déni à leur diagnostic de maladie « irrémédiablement » mortelle, et qui refusent tout traitement ? On sait pourtant aujourd'hui qu'elles présentent le plus haut taux de guérison, des guérisons incompréhensibles ; ce sont les personnes dont les dossiers indiquent souvent « en rémission ». Les archives médicales contiennent une abondance de données concernant des patients dont les tumeurs cancéreuses ont « miraculeusement » disparu.

Après avoir recensé des centaines de cas dits de « rémission spontanée » parmi des patients atteints de cancer, des médecins spécialistes[15] ont d'ailleurs affirmé que le corps médical devrait être prudent avant de conclure que ce sont les traitements qui guérissent les patients. Il semble qu'une partie des personnes atteintes du cancer guérissent d'elles-mêmes. Des cancérologues américains soutenaient en ce sens il n'y a pas si longtemps que c'est probablement le cas de 20 % de ces personnes.

GUÉRIR LA PSYCHÉ : LES FAITS

Les maladies physiques ne sont pas les seules à pouvoir être guéries par le corps lui-même sans qu'il y ait apport de remèdes efficaces. Au cours des dernières années beaucoup de données ont été cumulées au sujet des traitements des troubles de santé mentale[16]. Diverses études ont par exemple montré que 40 % des gens souffrant d'anxiété généralisée n'en souffraient plus une fois placés sous médication placebo. Leurs symptômes physiologiques (palpitations cardiaques, sensation d'oppression, transpiration, insomnie, tension musculaire) et psychologiques (inquiétude, anxiété, sentiment de détresse) avaient disparu. Ce chiffre est étonnant compte tenu qu'il est particulièrement difficile de soulager ce trouble par la pharmacologie. Le corps de ces personnes a réussi facilement là où les médicaments échouent la plupart du temps, sans compter que ces patients n'ont eu à souffrir d'aucun des effets secondaires nocifs qui sont souvent associés à la médication, ce qui est tout un avantage. On a aussi observé qu'après dix semaines de médication placebo, 31 % des individus se sentaient soulagés de leur symptôme de panique autant que s'ils avaient pris un médicament reconnu.

D'autres recherches démontrent que ce taux peut atteindre 51 %. De même, 35 % des personnes souffrant de phobies spécifiques telles que la phobie sociale et la claustrophobie sont soulagées par la prise de placebos. Elles y réagissent comme s'il s'agissait de véritables substances chimiques. En fait, comparativement à des médicaments normalement prescrits aux individus atteints de troubles anxieux, les placebos donnent d'excellents résultats. Ils vont parfois jusqu'à améliorer la condition de 70 % des patients. Or, nos meilleurs médicaments atteignent rarement un taux de réussite de 80 %.

Des effets placebos sont aussi enregistrés chez les personnes atteintes de schizophrénie : on obtient des améliorations de la condition de santé mentale pouvant toucher 34 % d'entre elles avec de simples traitements placebos. Ce chiffre est surprenant car il est difficile d'obtenir de bons succès avec les antipsychotiques actuels, cette maladie étant particulièrement complexe. Ces constatations sont intéressantes car la schizophrénie est un trouble psychotique causant le délire et une altération de la conscience. Les améliorations obtenues grâce à la prise de placebos indiquent donc que des mécanismes d'autoguérison peuvent opérer même lorsque la personne n'est pas consciente de recevoir un traitement ni apte à comprendre les bienfaits qu'elle peut en retirer. Des forces subtiles, agissant au niveau inconscient, sont donc aussi en jeu dans le processus d'autoguérison — des forces qui n'ont sûrement pas fini de nous étonner.

Les réactions aux placebos dans le traitement de la dépression sont un sujet particulièrement controversé dans le domaine de la santé mentale. Depuis quelques années, la prescription d'antidépresseurs fracasse des records tant en Amérique du Nord qu'en Europe. Il s'agit là d'un marché très lucratif. Ces médications répondent à un besoin réel car les troubles dépressifs font des ravages grandissant au sein de la population, même chez les jeunes enfants. De nouvelles générations d'antidépresseurs particulièrement efficaces ont vu le jour et leurs mérites sont vantés par les cliniciens, les médecins généralistes et les psychiatres. Le problème est que de nombreuses données, et les scientifiques qui les analysent, remet-

tent en question la contribution réelle de ces médicaments au rétablissement des personnes dépressives. On a par exemple constaté
des changements abrupts et rapides dans la condition de patients
déprimés et ce, une ou deux semaines après le début de la prise
d'antidépresseurs. Or, les médicaments en question ne sont censés
agir qu'au bout de quatre à six semaines, le délai nécessaire pour
induire les modifications neurochimiques pouvant produire une
réduction des symptômes. Plusieurs spécialistes se sont interrogés
sur ces améliorations soudaines et ont suggéré qu'elles ne pouvaient être dues aux effets chimiques des antidépresseurs. Selon
eux, elles ne sont explicables que par l'effet placebo.

Une deuxième observation en ce qui a trait aux antidépresseurs
interroge les spécialistes. Il est advenu qu'au cours des tests visant
à comparer des comprimés placebos à de nouveaux antidépresseurs, des personnes soient retirées des groupes placebos car elles
réagissaient trop bien aux produits inactifs. On cite par exemple
une étude au cours de laquelle 44 % des membres d'un groupe placebo ont ressenti des améliorations importantes très rapidement ;
leur cerveau s'était chargé de rétablir l'équilibre et se comportait
comme s'ils avaient pris des substances agissant vraiment sur le
plan chimique de l'organisme. Ces personnes ont donc été retirées
de l'étude. Le plus dérangeant pour les expérimentateurs est que
six mois après ces personnes se portaient toujours mieux. Les effets
avaient donc persisté : ces personnes étaient moins dépressives.
D'un point de vue méthodologique, exclure les patients qui réagissent trop bien aux placebos constitue un biais important de nature
à fausser l'expérimentation. Pour cette raison, lorsque à l'issue de
telles études les chercheurs affirment que leurs médicaments sont
plus efficaces qu'un simple placebo, leur prétention est on ne peut
plus discutable.

Un troisième élément semble indiquer que les effets placebos
sont pour beaucoup dans les effets attribués aux antidépresseurs :
de façon générale, lorsque l'on compare des antidépresseurs avec
des placebos, les premiers sont plus efficaces. Mais ce n'est pas
vrai dans tous les cas de figure : seulement dans le cas où le pla-

cebo ne simule pas d'effets secondaires; alors, les symptômes de la dépression diminueraient effectivement de façon plus significative chez les personnes qui prennent le véritable antidépresseur. Au contraire, dans le cas où le placebo simule des effets secondaires, il y aurait autant d'améliorations chez les personnes qui prennent ce placebo que chez celles traitées par antidépresseur. Entre 1996 et 1998, il y eut trois méta-recherches[17] au cours desquelles des centaines d'études spécifiques aux antidépresseurs ont été revues. Les chercheurs en sont arrivés à la conclusion que les effets des antidépresseurs peuvent être reproduits avec des placebos. Des chiffres troublants ont d'ailleurs été à l'origine d'un important débat entre spécialistes, cliniciens et chercheurs, débat qui a fait l'objet de nombreux articles parus dans la revue scientifique *Prevention & Treatment*, en 1997 et 1998. Du jamais vu! L'ensemble des études permettaient de croire que 75 % des améliorations et des effets positifs observés avec la prise d'antidépresseurs n'étaient pas dus aux médicaments eux-mêmes mais à l'effet placebo.

Le débat est loin d'être terminé. Une chose est certaine: notre organisme a la capacité de se modifier sans l'apport de médicaments actifs. En ce qui concerne les antidépresseurs, ceux qui sont aujourd'hui sur le marché interviennent sur les neurotransmetteurs comme la sérotonine. Or, voilà quelques années, des neuropsychologues ont démontré, analyses à l'appui, qu'il est possible de modifier le niveau de sérotonine chez des personnes souffrant de troubles anxieux, simplement en invitant ces personnes à modifier leurs pensées. Ils ont ainsi pu induire les mêmes effets positifs que les antidépresseurs au niveau du cerveau, et réduire les symptômes dépressifs.

Loin de moi l'idée de conclure que les antidépresseurs, ou d'autres médicaments, sont inefficaces et qu'il est inutile de les prescrire et d'en prendre. Des scientifiques consacrent leur vie à développer et à tester des traitements dans le but louable d'enrayer les maladies de toutes sortes. Cela dit, il semble tout aussi essentiel d'avoir conscience que les êtres humains sont doués du même potentiel que la plupart des médicaments et traitements disponibles, ce qui ouvre des avenues différentes au traitement de troubles importants. Les effets placebos enregistrés chez les personnes souffrant de dépression signifient par exemple que nous avons la faculté de faire varier les concentrations de composés moléculaires tels que les neurotransmetteurs. Les scientifiques disposent donc de pistes pour chercher des moyens alternatifs, des moyens qui permettraient de déclencher nos processus naturels de guérison sans avoir besoin de recourir à une médication chimique dont les conséquences ne sont pas négligeables.

ATTENTION : EFFETS NOCEBOS !

Regroupez cent personnes dans une salle et donnez-leur un petit comprimé rouge ne contenant que du sucre en leur disant qu'il s'agit d'un nouveau médicament censé accélérer le rythme cardiaque. Aussitôt le cachet avalé, un certain nombre d'entre elles ressentent effectivement une augmentation du nombre de leurs pulsations. Vous n'êtes pas étonné, c'est l'effet escompté : le fameux effet placebo. Mais peu à peu, les choses se compliquent : la moitié de vos participants souffrent maintenant de palpitations cardiaques. Vous tentez de les rassurer en suspendant l'expérimentation pour leur expliquer le subterfuge : « Tout va bien, vous n'avez pris que du sucre ! » Vous croyez que les choses vont s'arrêter là ? Vous vous trompez royalement ! J'espère que vous disposez d'un accès rapide à un téléphone et aux soins d'urgence hospitalière, car il est probable que dans les minutes à venir une vingtaine des personnes présentes se plaindront d'inflammations, de rougeurs sur la peau, de nausées ou de maux de tête. Et certaines d'entre elles regretteront longtemps d'avoir participé à une expérience de recherche dans un laboratoire universitaire par un beau dimanche après-midi.

Chaque médaille a son revers. Les effets placebos ne font pas exception. Si un traitement inoffensif, ne contenant aucune substance active, a le pouvoir d'induire des effets bénéfiques dans le corps humain, il faut bien se douter qu'il peut aussi produire des effets nocifs. Lorsque les chercheurs se sont mis à étudier sérieusement les effets associés à des traitements placebos, ils ont été surpris de constater que certains individus réagissent très mal à ceux-ci. Un bilan de 124 études portant sur plus de 2300 sujets a permis de conclure qu'un certain nombre de personnes sont toujours affectées de façon nocive par un traitement soi-disant sans effet réel[18]. On a appelé ces effets placebos négatifs, les *effets nocebos*. On sait par exemple aujourd'hui que le simple fait de donner un comprimé de sucre à des individus en bonne santé en prétendant qu'il s'agit d'un véritable médicament, peut les rendre malades. Suite à la prise d'une seule dose, en moyenne 19 % des gens vont souffrir de nausées, de sensation de bouche sèche, de vertiges, de réactions allergiques diverses, de diarrhée, d'évanouissements ou de constriction des bronches causant des difficultés respiratoires. Si l'on redonne d'autres doses du prétendu médicament, le nombre de personnes affectées atteindra environ 28 % ; c'est plus d'une personne sur quatre. Par ailleurs, jusqu'à la moitié des gens vont se sentir somnolents après la prise d'une substance inerte pour peu qu'elle soit présentée comme active. Et il ne faut surtout pas conclure que les personnes qui ressentent des effets nocebos ont tout simplement l'imagination fertile. Leurs symptômes sont réels. Tout comme les réactions placebos positives, les réactions placebos négatives sont observables et mesurables. En voici quelques exemples. Des patients ont reçu un placebo en croyant qu'il s'agissait de pénicilline. Immédiatement après, deux d'entre eux sont tombés brusquement malades d'infection urinaire et de fièvre rhumatismale. Au cours d'une autre étude sur un nouveau contraceptif oral, les femmes du groupe placebo, qui ne recevaient, sans le savoir, que des comprimés sans substances actives, se sont plaintes de divers symptômes : 30 % souffraient d'une baisse de libido, 17 % de migraines et 14 % de douleurs menstruelles. On a aussi pu diagnostiquer l'apparition de maladies de peau lorsque des personnes prenaient régulièrement un médicament placebo, des maladies qui ont disparu après l'arrêt de la médication. Dans une université, des chercheurs ont demandé à 414 étudiants volontaires et en bonne santé d'avaler un cachet en prétendant qu'il s'agissait d'un nouveau produit à l'essai. Dans les trois jours qui ont suivi, 81 % de ces étudiants ont rapporté des symptômes dont ils ne souffraient pas auparavant. Ils n'avaient pourtant rien avalé d'actif. Selon les expérimentateurs, c'est le fait que l'on ait parlé de tester un nouveau médicament sans indiquer de quel produit il s'agissait, qui aurait inquiété les participants et ouvert la voie à toutes sortes de réactions.

Les symptômes dus aux effets nocebos disparaissent en général à la fin de l'expérimentation, mais les choses ne sont pas toujours aussi simples. On sait que les malaises apparaissant chez les personnes qui étaient en bonne santé avant la prise d'un placebo peuvent persister pendant plusieurs jours, et parfois même pendant des mois. Chose inquiétante, si une personne est déjà souffrante, la prise d'un remède placebo peut aggraver les symptômes existants[19]. En ce sens, 14 % des patients souffrant d'asthme et ayant pris un médicament placebo éprouveraient aussitôt encore plus de mal à respirer. Ils croient recevoir un traitement approprié à leurs maux mais se retrouvent encore plus mal en point. Au cours d'une recherche sur un nouveau traitement contre la douleur, les membres du groupe placebo recevaient un traitement inoffensif dont on leur disait qu'il les soulagerait. Pendant les tests, 13 des 58 personnes ont ressenti une augmentation de leur douleur ; certaines ont même cessé de participer à l'étude. Pire encore, six mois plus tard, trois de ces personnes souffraient toujours davantage qu'avant l'expérimentation. Ce type d'incident n'est pas rare. Il est d'ailleurs fréquent que des individus soient retirés des groupes d'expérimentation car ils ont des réactions trop violentes aux placebos. Ces diverses réactions négatives ont fait dire à des chercheurs que le médecin doit être prudent avant de prescrire des placebos à un patient et le chercheur très attentif lorsqu'il procède à des expérimentations, car tout comme les remèdes actifs, les placebos peuvent s'avérer toxiques.

Qu'une personne puisse développer de nouveaux symptômes ou voir son état s'aggraver du simple fait qu'elle se trouve dans un contexte de soins n'est pas anodin. Tout comme il semble que des facteurs autres que le traitement lui-même peuvent enclencher la guérison, les effets nocebos indiquent que certains facteurs peuvent avoir un impact négatif sur la physiologie, et donc un effet nocif sur la santé des individus. Autrement dit, dans tout contexte de soins, peu importe la valeur du traitement, des mécanismes physiologiques peuvent être stimulés de sorte que la condition de la personne va se détériorer.

NOUS AVONS TOUS CE POTENTIEL

Quand on assiste à de telles réactions vis-à-vis de traitements inactifs, une des premières questions qui vient à l'esprit est: ces réactions ne sont-elles propres qu'à certaines personnes?

Dès les premières études officielles sur les effets placebos, les chercheurs se sont questionnés à ce sujet et ont tenté de répondre: sommes-nous tous susceptibles d'avoir des réactions aux placebos? Le simple fait de suivre un traitement, peu importe sa valeur, provoque-t-il des effets sur l'organisme de tout un chacun? Sommes-nous tous dotés d'un potentiel d'autoguérison à même de se déclencher dans un contexte de soins? À l'inverse, pouvons-nous tous souffrir de nouveaux symptômes simplement parce que nous nous trouvons dans un tel contexte?

Au départ, les spécialistes avaient leur propre hypothèse: ces réactions, inexplicables d'un point de vue scientifique, ne devaient se produire que chez un certain type d'individus, probablement des êtres facilement influençables ou névrosés. Au cours des premiers tests sur des médicaments, les personnes qui réagissaient fortement aux traitements placebos ont été qualifiées de personnes réactives aux placebos (*placebos reactors*). Pendant longtemps, les scientifiques ont analysé ces personnes et ont proposé diverses explications. Ils ont tout d'abord soutenu que les individus réagissant aux placebos sont des gens anxieux, dépressifs et immatures. Par la suite, ils ont tout au contraire prétendu que ces individus sont sociables, extravertis et mieux adaptés que la moyenne des gens. La valse des hypothèses et des théories a continué de plus belle: «Ce sont des schizoïdes», «Il s'agit d'êtres dépendants et facilement influençables », « On leur suggère une condition et ils s'en croient aussitôt affectés », « Ils ont des personnalités hystériques et sont hypocondriaques », « Ce sont des êtres sensibles à l'environnement social », « Les moins menteurs ont les plus fortes réactions aux placebos », etc. Chaque nouvelle étude identifiait de nouvelles caractéristiques opposées à celles qui avaient été retenues jusque-là — un véritable casse-tête !

Après des années d'expérimentation, les chercheurs ont mis fin au bal et le terme de *placebos reactors* a été relégué aux oubliettes. Aujourd'hui, les spécialistes sont catégoriques : non, il ne s'agit pas de gens anxieux ou suggestibles ! Il ne s'agit pas non plus d'individus particuliers. C'est l'évidence même : il n'existe pas de personnalité placebo, pas plus qu'il n'existe de caractéristiques personnelles permettant de prédire si un individu réagira ou non aux placebos. En fait, il n'y a qu'une seule chose dont on puisse être certain : tous les individus, peu importe leur race, leur sexe, leur culture, leur âge, leur niveau socio-économique, et quelle que soit leur personnalité, sont susceptibles de ressentir des effets placebos. Ces effets sont parfois positifs, d'autres fois négatifs. La communauté scientifique s'entend donc pour dire que nous disposons tous d'un potentiel d'autoguérison ; et que ce potentiel peut se mettre en marche chez chacun de nous, du seul fait que nous sommes placés dans une situation de soins, qu'il s'agisse d'une prescription de médicament ou d'une simple consultation visant à nous rassurer. De même, nous pouvons tous ressentir des effets nocebos à la suite d'un traitement. Le problème est que ces réactions et leur intensité demeurent imprévisibles. Plus complexe encore : une même personne peut très bien expérimenter des effets placebos positifs lors de la prise d'un médicament complètement inefficace et guérir aussitôt et, à un autre moment de sa vie, dans un contexte différent, réagir au même traitement par des effets nocebos. Il est donc possible qu'une personne souffrant pour la première fois d'une pneumonie et à qui l'on prescrirait un placebo, guérisse de façon spectaculaire et ce, entièrement grâce à sa faculté d'autoguérison ; et tout aussi possible que cinq ans plus tard, après avoir consulté une nouvelle fois pour une pneumonie, elle ne guérisse pas malgré la prise d'un excellent médicament. Il se peut même que sa maladie s'aggrave dès l'absorption de la première dose. Au fond, *tous les êtres humains ont la capacité de s'autoguérir, mais en contrepartie, tous possèdent aussi la capacité de se rendre malades…*

« LES EFFETS PLACEBOS NOUS ONT SAUVÉS ! »

Il y a bien longtemps déjà que des médecins avaient pressenti que les êtres humains sont dotés d'un important potentiel d'autoguérison. Plusieurs savaient que leurs médicaments n'avaient que peu à voir avec la guérison de leurs patients et qu'ils pouvaient même parfois aggraver leur mal.

Pour beaucoup de spécialistes, c'est le potentiel d'autoguérison qui est responsable de la majorité des guérisons survenues par le passé en dépit des mauvais traitements appliqués. On admet aujourd'hui que les remèdes prescrits jusqu'au XXᵉ siècle n'avaient pratiquement aucun effet thérapeutique véritable ; ils ne contenaient pas ou peu de substances efficaces pour enrayer les symptômes des maladies autant aiguës que chroniques. On considère d'ailleurs que l'histoire de la médecine d'avant les années 1900 est en fait celle des placebos.

Non seulement les malades ne prenaient pas de remèdes efficaces, mais ils se voyaient souvent administrer des traitements aujourd'hui considérés comme étant très dommageables. En 1860, un spécialiste anglais, Oliver Wendell Holmes, publiait un livre dans lequel il affirmait : « Si tous les médicaments utilisés étaient envoyés au fond des mers, ce serait mieux pour la race humaine mais pire pour les poissons[20]. » Ce commentaire était fort approprié car beaucoup de traitements de l'époque étaient somme toute mortels. Il n'est qu'à penser à l'application de sangsues sur toutes les parties du corps, ou aux bains forcés dans l'eau bouillante comme ceux qu'a subis Tchaïkovski aux derniers jours de sa vie. Sans compter les populaires saignées qui vidaient les malades de leur liquide le plus précieux et pouvaient littéralement les tuer. D'autres traitements dangereux de l'époque, telle la purgation du système digestif par la prise de laxatifs violents, ont aussi abrégé la vie de nombreux patients ; des patients qui auraient probablement survécu sans ces interventions. Les chercheurs Ross et Olson rapportent comment les médecins s'y prirent pour soigner le président américain George Washington, probablement atteint d'une irritation de la gorge combinée à une pneumonie[21] : ils lui administrèrent d'abord un mélange de mélasse, de vinaigre et de beurre jusqu'à ce qu'il vomisse et qu'il ait la diarrhée. Désespérés parce que le traitement n'avait pas l'effet recherché, ils lui appliquèrent ensuite des cataplasmes très irritants. Ces cataplasmes ont été renouvelés jusqu'à ce que ses pieds et sa gorge se boursouflent. Pendant ce temps, ils le saignaient de son sang. Ce traitement fut le dernier : il en est mort.

Étonnamment, ces médicaments nocifs et ces procédés dangereux n'ont pas empêché la guérison de nombreuses personnes. Combien d'entre elles, apparemment mourantes, se sont subitement relevées de leur lit après avoir avalé des potions magiques qui auraient plutôt dû les intoxiquer ? Combien d'autres se sont éveillées guéries des pires maux après une nuit entière de saignée ? Le plus impressionnant est qu'en plus de guérir, une bonne partie des malades n'ont pas souffert des conséquences néfastes de ces traitements dangereux. Ce qui a fait dire à des chercheurs qu'*avant le XXᵉ siècle ce sont les effets placebos qui nous ont sauvés* !

De nos jours, nous disposons de toutes les preuves scientifiques nécessaires : effectivement, des milliers d'êtres humains ont été sauvés et le sont encore, mais grâce à leur faculté de s'autoguérir autant sinon plus que grâce aux médicaments. Un bilan de 7000 études[22] démontre qu'en moyenne, peu importe la maladie et sa nature, mentale ou physique, de 30 % à 50 % des gens peuvent guérir ou voir leur condition s'améliorer sans la contribution d'aucun traitement reconnu. Pendant le déroulement de certaines recherches, il arrive que 100 % des patients ressentent une amélioration importante et ce, avec de simples placebos. Si l'on obtenait un tel succès avec un véritable médicament, on crierait au miracle et il serait immédiatement lancé sur le marché. Nous constatons aujourd'hui que la faculté de l'humain à s'autoguérir est tellement puissante qu'il est difficile de mettre au point des médicaments pouvant faire mieux.

Mais est-ce si étonnant? Le corps humain est une machine des plus fascinantes. Nous croyons bien le connaître mais sans doute ne percevons-nous que la pointe de l'iceberg. Nous disposons ainsi de nombreux mécanismes spontanés de guérison et de rétablissement de l'équilibre sans lesquels nous n'atteindrions pas l'adolescence. Les physiologistes les connaissent bien. Ces mécanismes opèrent en permanence, que nous en soyons conscients ou non. Lorsque nous nous coupons, par exemple, des cellules se regroupent vers le tissu incisé et se chargent aussitôt de la coagulation du sang. La plaie se cicatrise puis guérit. Quelques jours plus tard, elle n'est même plus apparente. Nous n'avons pas à y réfléchir, ces mécanismes sont naturels et spontanés. De même, suite à un traumatisme important, le corps provoque un évanouissement, réduisant ainsi le flot sanguin et évitant une hémorragie qui pourrait être mortelle. Et des analgésiques naturels se chargent d'amoindrir la douleur et d'engourdir les membres blessés. Nous sommes aussi pourvus d'un système immunitaire d'une grande intelligence et particulièrement efficace: il identifie des virus, et lorsqu'il ne les reconnaît pas, il travaille à la création de nouveaux anticorps pour les attaquer, et ce, sans qu'aucune intervention extérieure soit nécessaire. Spontanément, notre corps devient fiévreux lorsqu'il combat une infection. Cette fièvre a l'avantage de provoquer une perte d'appétit empêchant une ingestion d'aliments qui serait dommageable car elle activerait le métabolisme et augmenterait encore la température du corps. N'oublions pas aussi que c'est sur le modèle des substances que nous sécrétons naturellement, telles que les hormones et les neurotransmetteurs, que beaucoup de médicaments sont créés; ils reproduisent chimiquement ces substances et sont censés avoir les mêmes effets: les hormones synthétiques peuvent ainsi stimuler une glande défectueuse comme la glande thyroïde; la sérotonine est à même de régulariser l'humeur et de diminuer les symptômes d'anxiété et de dépression. Et que dire de l'impressionnante mémoire du corps qui se souvient dans quel aliment, déjà consommé, se trouvent certains éléments nutritifs? Voilà pourquoi vous pouvez ressentir une forte rage de bananes ou de beurre d'arachide; c'est que votre corps, sans que vous en ayez conscience, a enregistré la composition de ces aliments la première fois que vous les avez consommés. Il est ainsi à même de vous orienter pour combler le manque nécessaire à son équilibre: les bananes sont riches en potassium, les arachides en vitamine B.

Il arrive que le corps ne réussisse pas à mener à bien le travail de guérison, à rétablir l'équilibre nécessaire à son bon fonctionnement. Certains d'entre nous développent alors des maladies comme le cancer, qui envahissent les organes vitaux. D'autres souffrent de déséquilibres et n'arrivent plus à métaboliser des substances telles que le sucre. Des maladies contre lesquelles la science a encore trop peu de recours. Les recherches sur l'effet placebo montrent pourtant que, dans certains contextes, il est possible de réactiver le processus, de réveiller la capacité naturelle du corps à s'autoguérir. En présence du médecin, suite à une médication ou parce que nous avons été écoutés, quelque chose peut soudainement se produire en nous qui permettra à notre corps d'enclencher les mécanismes susceptibles de le mener à la guérison. Il se chargera alors de régulariser la respiration, la tension artérielle, le taux de sucre, les sécrétions hormonales, de faire fondre la tumeur ou de combattre le virus mortel.

Les recherches actuelles laissent entrevoir que notre faculté d'autoguérison dépasse de loin tout ce que la science moderne aurait cru possible. Je me souviendrai toujours du commentaire d'un professeur d'anatomie au sujet d'une douleur dont les patients atteints d'un problème de vésiculaire biliaire se plaignent fréquemment: «Lorsqu'elles ont des pierres à la vésicule, certaines personnes prétendent souffrir d'un point douloureux sur le côté de la jambe. Or, il n'y a pas de lien entre la jambe et la vésicule biliaire. Cela illustre bien que le corps humain peut faire des erreurs. » Effectivement, cette douleur n'entre pas dans le cadre des connaissances de la physiologie occidentale. Un médecin chinois aurait pourtant dit tout autre chose : la douleur dans la jambe est normale car le point dont les patients se plaignent, situé sous le genou, se trouve sur le même méridien que la vésicule biliaire. En fait, cette douleur est un indice ayant pour fonction d'alerter la personne. Ce n'est donc pas parce que nous ne comprenons pas une chose qu'elle n'a pas de sens ou qu'elle n'existe pas. Le corps humain me paraît doté d'une intelligence infinie et je crois que ce n'est pas lui qui fait des erreurs mais nous qui avons encore tout à apprendre à son sujet.

LES VRAIES QUESTIONS

Pendant longtemps, les guérisons inexplicables ont été considérées comme dérangeantes par la communauté scientifique. Depuis peu, on commence cependant à les concevoir autrement. Même si seule une minorité de chercheurs consacrent leur énergie à l'étude du phénomène de l'autoguérison, et même s'ils obtiennent difficilement des fonds car ce type de recherche n'est pas encore considéré comme lucratif par les investisseurs, les choses devraient sûrement changer. De nouvelles maladies ne cessent d'apparaître et les médicaments doivent continuellement être remplacés. On a beau investir, on ne s'en sort plus. Notre société, où les coûts liés à la santé ne cessent d'augmenter, prend de plus en plus conscience des bénéfices qu'elle pourrait tirer de l'étude du potentiel d'autoguérison des êtres humains. Ce potentiel commence donc à susciter beaucoup d'intérêt. Ce qui, spontanément, faisait rire ou suscitait le mépris par le passé, est maintenant devenu une source d'espoir. Aujourd'hui, on ne se demande plus si le potentiel d'autoguérison existe, on cherche plutôt à le comprendre pour s'en servir. D'autres l'ont affirmé bien avant moi : si nous arrivons à trouver ce qui permet aux effets placebos de se produire, nous découvrirons du même coup les secrets du lien puissant qui existe entre le corps et l'esprit. Nous pourrons ainsi apprendre à stimuler ce lien, voire à le maîtriser, pour soigner des maladies de toutes sortes et même les prévenir. Nous n'en sommes peut-être pas si loin. Même si beaucoup de travail reste encore à faire, l'étude de la faculté d'autoguérison par le biais de celle des effets placebos nous permet maintenant d'identifier les facteurs qui sont déterminants dans l'issue et le déroulement des maladies. Il est d'ores et déjà clair que des mécanismes psychophysiologiques sont en jeu, c'est-à-dire que des facteurs psychologiques et contextuels déclenchent des réactions physiologiques permettant à l'être humain de guérir. Ce sont ces facteurs qui expliquent que souvent les taux de guérison varient de 10 % à 80 % chez des patients prenant un même médicament. Ces mêmes facteurs expliquent aussi pourquoi telle personne souffre d'effets pervers, d'effets nocebos, à la suite d'un traitement. Finalement, ce sont ces facteurs qui déterminent en grande partie si le malade guérira ou non.

3
La puissance du lien corps-esprit

Dis-moi ce que tu ressens et
je te dirai comment tu te portes.

Il n'y a pas si longtemps, ceux qui prétendaient qu'il existe un lien entre le corps et l'esprit étaient qualifiés de rêveurs. Les choses ont aujourd'hui bien changé. L'étude de phénomènes comme l'effet placebo permet de démontrer que ce lien existe bel et bien et à quel point il est puissant. Nous savons maintenant que des facteurs clés, des facteurs d'ordre psychologique, sont fortement impliqués dans le processus de guérison du corps humain. Ces facteurs sont si puissants qu'ils ont souvent autant sinon plus d'impact sur la maladie que le traitement lui-même. Les caractéristiques du traitement, le contexte dans lequel il est administré, les attentes et les croyances des individus, les émotions qui en découlent ainsi que la relation entre le patient et son thérapeute, sont déterminants. Ces facteurs ont la capacité de déclencher nos mécanismes d'autoguérison ou, à l'inverse, de les bloquer. En fait, nous savons maintenant que si ces éléments sont pris en compte, ce ne sont pas seulement 30 % à 50 % d'entre nous qui pouvons guérir malgré un traitement inefficace, mais bien 70 %. Nous savons aussi que si nous les ignorons, il y a un prix à payer…

DES COMPRIMÉS JAUNES OU BLEUS ?

« Le médecin m'a donné le choix entre une petite pilule et une piqûre. Tu penses ! J'ai pris la piqûre, c'est beaucoup plus efficace ! », a lancé le jeune homme en sortant du cabinet de consultation. Il n'a pas tort, mais non parce que l'injection contient un produit plus fort, simplement parce qu'il s'agit d'une injection. Les experts savent[23] que la forme sous laquelle un médicament est administré a une influence sur les effets qu'il produira. Il semble que si notre médecin nous prescrit une capsule plutôt qu'une pilule, nous aurons plus de chances de guérir et ce, même si les deux contiennent la même dose d'une substance identique. Il semble aussi qu'une injection sera encore plus efficace qu'une capsule. Lorsque l'on teste de nouveaux médicaments, et même lorsqu'il s'agit de placebos, on obtient ainsi de plus fortes réactions si la substance est en capsule et davantage encore si elle est injectée. La grosseur du médicament est une autre caractéristique pouvant influencer le résultat : plus la pilule est grosse, plus elle risque d'avoir des effets sur les symptômes. Le même phénomène est observé quand plusieurs prises d'un médicament sont prescrites. Une personne prenant 10 cachets d'1 mg d'une substance donnée risque fort de ressentir une amélioration plus importante de ses symptômes que si elle prend une seule pilule de 10 mg. Les chercheurs ont aussi observé que plus un remède a mauvais goût, plus il a d'effet sur la maladie, particulièrement dans le cas des allergies. De même, plus une thérapie ou un traitement est élaboré et coûteux et plus il est sophistiqué et difficile d'accès, plus il a d'effets curatifs.

Toutes ces manifestations seraient associées à nos représentations qui sont elles-mêmes liées aux croyances populaires. De tout temps, les injections ont en effet représenté des remèdes puissants que l'on prescrivait lorsque l'on désirait produire de fortes réactions. Même phénomène pour le goût : un médicament qui a mauvais goût est réputé pour être efficace, fort ; les remèdes des chamans et des médecins orientaux avaient souvent des odeurs et des goûts répugnants. De plus, lorsqu'un traitement est dispendieux et que seules certaines personnes peuvent y avoir accès, on a tendance à penser qu'il doit d'être particulièrement efficace ; il symbolise les traitements secrets et puissants que l'on réservait aux rois et aux Dieux. Ces représentations, que nous en soyons conscients ou non, ont des effets directs sur notre physiologie. En fait, plus un remède est perçu comme étant efficace, plus il a de chances d'avoir des effets significatifs et de guérir la maladie.

Outre la forme et le goût, la couleur peut aussi influencer les résultats. Certaines couleurs de médicaments provoquent des réactions bien spécifiques chez la majorité d'entre nous. On a ainsi constaté que les préparations de teinte bleue ont généralement des effets calmants et tranquillisants. Celles de teinte rouge, rose ou jaune provoquent plutôt des effets excitants, stimulants; le jaune et l'orange, particulièrement, seraient antidépresseurs. Lorsque des personnes prennent des médicaments de couleur lavande, elles font plus souvent l'expérience d'hallucinations. Les médicaments de couleur blanche ou verte ont des effets plus neutres. La réaction des gens à une préparation blanche est plutôt de nature analgésique. La teinte grise semble produire des effets confus au point qu'ils empêchent parfois la personne de ressentir les véritables effets du médicament. Il ne serait donc pas avantageux pour un laboratoire pharmaceutique de produire des cachets de couleur grise. Les réactions variant avec les couleurs des préparations sont observées même si les remèdes sont des placebos inertes, donc des comprimés qui ne contiennent absolument rien qui puisse agir sur la physiologie. Par contre, s'il s'agit de médicaments actifs visant des symptômes particuliers, les effets risquent fort d'être amplifiés pour peu que le médicament ait la couleur correspondante aux effets attendus. Un anxiolytique de couleur bleue aurait ainsi des chances d'être plus efficace. Quant aux cachets d'aspirine classiques, blancs, ils sont de la couleur qui favoriserait le plus des effets analgésiques.

LE CONTEXTE DE TRAITEMENT

Une femme me racontait un jour qu'elle avait dû être hospitalisée après s'être évanouie dans un centre commercial. À son réveil, elle s'était retrouvée reléguée dans le couloir surpeuplé d'une unité d'urgence, entourée de gens qui pleuraient et criaient. Juste à côté d'elle, une adolescente perdait son sang sur le plancher : elle venait d'avorter. Pendant ce temps, deux infirmières se disputaient. Ne comprenant pas ce qui l'avait amenée dans cet endroit qui lui rappelait un pays en temps de guerre, elle décida de se lever. Quelle ne fut pas sa surprise quand elle constata qu'elle était attachée sur une civière et que de nombreux tubes avaient été insérés dans ses bras. Lorsqu'elle put enfin parler à un médecin pour s'enquérir de sa condition, celui-ci lui l'a regardée d'un air sévère avant de lui ordonner : «Restez tranquille!» Inquiète, elle lui a aussitôt demandé : «Mais qu'est-ce qui m'arrive?» Ce à quoi le médecin a rétorqué : «Vous êtes très mal en point madame, mais je n'ai pas le temps de vous parler pour le moment. Surtout, ne bougez pas!» La femme ressentit alors un autre malaise et s'évanouit de nouveau.

Nous préférons tous vivre dans une bonne ambiance, paisible et rassurante, surtout lorsque nous sommes malades. Nous nous sentons alors particulièrement vulnérables, et même des événements banals peuvent nous affecter au plus haut point sur le plan émotif. Ce que les recherches confirment c'est qu'ils peuvent aussi nous affecter sur le plan physique. Parfois le résultat est heureux, d'autres fois il l'est beaucoup moins…

Certains contextes favorisent nettement l'amélioration de la condition et la guérison de la maladie[24]. Lors d'une étude sur le traitement de la schizophrénie, on a constaté une grande amélioration chez 80 % des patients d'une unité psychiatrique. Selon les chercheurs, cette amélioration était attribuable à l'augmentation de l'attention accordée aux patients par le personnel dans le cadre de l'étude.

Les éléments contextuels pouvant influencer notre état de santé sont parfois subtils. On obtient par exemple de meilleurs résultats pour des maladies similaires soignées avec les mêmes traitements, lorsque les patients sont rencontrés dans des cabinets privés plutôt que dans des unités de soins hospitaliers. Le Dr Siegel donne un autre exemple : les patients hospitalisés qui se remettent le mieux sont ceux qui ont des chambres avec des fenêtres leur permettant de voir le ciel.

Au cours d'une étude originale, des chercheurs ont mesuré les effets de différents contextes sur l'état de santé et la réaction à certaines substances telle que le glutamate monosodique (GMS). Cette substance, utilisée dans l'alimentation, est réputée pour provoquer certains symptômes, particulièrement des sensations de pression et des douleurs à la tête. Dans le cadre de cette étude, une centaine de volontaires ont été recrutés dont une partie a été enfermée dans une pièce. Une fois qu'ils étaient installés, on leur servait un bol de soupe qu'ils devaient prendre. On les informait alors qu'il y avait du GMS dans la moitié des bols mais qu'on ne pouvait leur dire dans lesquels. Les participants ne savaient donc pas si leur soupe en contenait ou non. La consigne (la plus importante dans le cadre de cette expérimentation) était qu'ils ne pouvaient sortir de la pièce avant la fin de l'expérience. Dans le second groupe, les participants se sont aussi vu servir des bols de soupe dont la moitié contenaient du GMS sans qu'ils sachent lesquels. Mais, contrairement aux participants du premier groupe, ils étaient répartis en sous-groupes de 8 à 10 personnes et assignés à des salles d'où ils pouvaient sortir librement pour se promener dans le centre de recherche. Les réactions ont été étonnantes : 71 % de ceux qui étaient confinés à la salle close en compagnie d'un grand nombre de personnes ont souffert de différents symptômes physiques ; or, ce ne fut le cas que de 10 % de ceux qui avaient été répartis en sous-groupes et laissés libres de leurs mouvements. On peut tout de suite imaginer ce que cela implique lorsque les patients sont soignés à l'hôpital, entassés dans une salle d'urgence, voire coincés sur des civières, plutôt que d'être pris en charge individuellement dans une chambre privée et en étant laissés libres de leurs mouvements.

Certains contextes ont des impacts franchement négatifs sur la santé. Les résultats d'études permettent d'affirmer que des remarques alarmistes de la part du personnel soignant, une ambiance inquiétante et la présence d'appareillages complexes sont dommageables. Ces éléments réduiraient les effets positifs d'un traitement considéré comme efficace et pourraient même être à l'origine des fameux effets nocebos. La performance des traitements est aussi affectée par les conflits interpersonnels et une mauvaise atmosphère dans le milieu de soins : les remèdes efficaces donnent de moins bons résultats et les patients souffrent plus souvent de nouveaux symptômes ou d'aggravation des symptômes déjà existants.

On sait que les contextes de soins modernes sont souvent des plus impersonnels et à l'origine de beaucoup de stress. Lorsque des patients atteints d'une maladie contagieuse telle que le SIDA se retrouvent dans ces contextes, ceux-ci peuvent devenir des plus dommageables[25]. Environ 70 % des membres du personnel soignant des établissements de santé expriment ainsi une forte peur de la contagion par le virus du SIDA. En 1994, on constatait que près de la moitié des membres du personnel médical nord-américain considéraient qu'ils devraient avoir le droit de refuser de soigner les malades atteints de cette maladie. Plus choquant encore : 28 % des étudiants en médecine de collèges américains affirmaient que ces personnes ne méritent pas de vivre. La peur de la contagion et les préjugés ont donc créé des contextes des plus pénibles pour les patients souffrant de ce syndrome. Lorsqu'ils sont hospitalisés, ces malades sont d'ailleurs les plus isolés et les moins touchés d'entre tous. Le personnel soignant évite même de toucher leurs ustensiles et leurs vêtements bien que ces objets ne peuvent transmettre la maladie. Les recherches démontrent que ce type de contexte a des impacts désastreux sur les patients atteints : les résistances de leur système immunitaire s'affaiblissent plus rapidement ; ils souffrent de plus de symptômes de toutes sortes ; leur condition générale se dégrade plus vite ; des thérapies efficaces le sont moins ; et leur espérance de vie pourrait même en être réduite de moitié.

LES ATTENTES SALVATRICES

Une injection d'eau fait fondre la tumeur d'une femme. Celle-ci était convaincue de sa guérison prochaine et croyait sans réserve au traitement. On annonce à un jeune homme qu'il a une maladie mortelle du sang. Il rejette le diagnostic et quitte le bureau du spécialiste en lançant : « Elle ne m'aura pas ! » Il survit à trois de ses médecins et ne mourra qu'à l'âge de 75 ans !

Paracelse, un célèbre alchimiste et médecin suisse de la Renaissance, considérait que la croyance, qu'elle soit dans les dieux, les saints ou les remèdes, pouvait guérir. Selon lui, les médecins auraient d'ailleurs été vraiment démunis sans la croyance de leurs patients dans leur capacité à les aider. « La foi produit des miracles ! », affirmait-il. Et Paracelse avait raison. Bien que la forme et le contexte de traitement influencent le cours de la maladie, de tous les facteurs impliqués dans le processus de guérison, ce sont les croyances des patients qui se trouvent en tête de liste. On sait que les croyances d'un individu face à sa maladie et aux traitements possibles, et les attentes qui en découlent, sont déterminantes. En fait, les recherches indiquent clairement que les résultats obtenus dans une situation de traitement correspondent généralement aux attentes. Aussi surprenant que cela puisse paraître, dans la majorité des cas, les effets psychologiques et physiologiques que nous ressentons suite à un traitement vont dans le sens de ce que nous attendons. C'est souvent aussi simple que cela. Par ailleurs, plus la personne possède d'information sur les effets et le taux de réussite du traitement qu'elle reçoit, plus ses attentes sont précises, plus elle risque de ressentir précisément les effets escomptés.

La puissance des croyances, des attentes, et les effets de celles-ci sur la physiologie des individus ont été démontrés à maintes reprises. *Les études concernant l'impact de nos pensées sont formelles : celles-ci ont une influence sur notre état de santé corporel.* Nos perceptions, nos attentes, influencent notre activité neurochimique ainsi que nos systèmes immunitaire et endocrinien. Elles agissent donc directement sur nos symptômes et sur notre santé physique et mentale. Les études sur les effets placebos montrent d'ailleurs régulièrement à quel point il est facile de provoquer des réactions psychologiques et physiques en manipulant les attentes des sujets. Il suffit par exemple de dire à des individus qu'un médicament fictif réduit la douleur pour constater que la majorité d'entre eux ressentiront peu de douleur lorsqu'on leur administrera par la suite des chocs électriques. Et la diminution de la douleur n'est pas le fruit de simulation ou d'interprétation de leur part, elle est due à une sécrétion d'endorphines dans leur sang. Par contre, si l'on affirme à d'autres individus que ce même médicament fictif augmente la sensibilité, on constate que plusieurs d'entre eux souffrent plus qu'à la normale des chocs reçus. Leur sensibilité aura effectivement augmenté car les mécanismes physiologiques bloquant normalement la douleur ne seront pas entrés en jeu.

Dans le cadre d'une recherche sur les maladies cardiovasculaires[26], des médecins ont prescrit un médicament placebo à des hommes ayant souffert d'un premier infarctus. Tous les participants à l'étude étaient informés que «ce médicament aiderait à prévenir une seconde attaque». Au cours des cinq années qui ont suivi, les hommes qui ont pris régulièrement leurs médicaments placebos ont survécu deux fois plus longtemps que ceux n'ayant pas pris le médicament régulièrement. Les résultats ont été directement dans le sens des attentes des patients : ceux qui s'attendaient à de meilleurs résultats parce qu'ils respectaient les consignes ont effectivement obtenu de meilleurs résultats. Mais ceux qui s'attendaient à des récidives parce qu'ils négligeaient de suivre le traitement préventif ont subi plus d'attaques.

Dans les cas où l'on donne de véritables médicaments aux patients, les attentes que ces derniers ont face à leur maladie et aux possibilités d'en guérir peuvent aussi faire toute la différence. Par exemple, lorsque l'on avertit des patients boulimiques que le médicament prescrit peut réduire l'appétit, la majorité d'entre eux ressentent une forte baisse de leur sensation de faim. Par contre, si on ne les en informe pas, peu d'entre eux mentionnent cet effet qui pourtant devrait se produire puisque la substance agit en ce sens sur l'organisme. Dans une autre étude, on a observé que si l'on accompagnait d'un bon pronostic la prescription d'un médicament administré à des personnes souffrant d'anxiété, le taux de réussite du traitement était de 60 %. Par contre, si l'on accompagnait la prescription d'un mauvais pronostic, celui-ci n'atteignait que 36 %. De même, deux fois plus de personnes réussissent à bien contrôler leur asthme avec des médicaments ou des techniques de respiration et de relaxation si on leur explique que l'asthme peut être soigné, voire guéri. Finalement, de récentes découvertes sur la maladie de Parkinson permettent d'affirmer que, plus il y a de bénéfices escomptés avec la prise d'un médicament, meilleurs sont les effets. Les attentes activent la sécrétion de dopamine et permettent ainsi d'importantes réductions des symptômes.

Peu importe la maladie, lorsque les attentes sont positives, elles sont le meilleur garant pour l'avenir. On observe que même en l'absence de traitement, beaucoup d'individus atteints de maladies graves, mais convaincus de survivre, s'en sortent très bien. Le Dr Siegel, médecin spécialiste du cancer, le constate régulièrement quand il demande aux patients qui assistent à ses conférences s'ils croient qu'ils vont guérir. Ceux qui répondent par l'affirmative sont ceux qui y arrivent le plus souvent et qui se retrouvent dans la salle de conférence un an plus tard.

De nombreuses personnes qui reçoivent un diagnostic de cancer se font reprocher d'y réagir par le déni quand elles affirment refuser la présence de cette maladie dans leur corps ou pouvoir la combattre. Plusieurs spécialistes du domaine de la santé en sont pourtant arrivés aux mêmes conclusions : ce sont les personnes qui rejettent l'idée du cancer et souvent même refusent les traitements, qui combattent le mieux cette maladie et y survivent le plus souvent. En fait, 70 % des personnes qui adoptent cette attitude vivent toujours dix ans plus tard. Cela est loin d'être le cas pour celles qui acceptent leur condition, qui se résignent et suivent tous les traitements recommandés même si elles les craignent.

Il est bien connu des psychologues de la santé que le sentiment de contrôler sa vie influence grandement la santé de l'individu. Les gens qui jouissent d'un lieu de contrôle (*locus of control*) interne, c'est-à-dire qui se considèrent comme maîtres de leur vie et de leurs actions, sont moins malades et guérissent mieux que ceux qui dépendent d'un lieu de contrôle externe, autrement dit qui se sentent généralement influencés par les événements extérieurs et les personnes de leur entourage. Une caractéristique commune a été identifiée chez les survivants à long terme du SIDA[27] : ils ne se fient pas aux autres en ce qui a trait à leur santé mais ont plutôt décidé de croire en eux-mêmes. Plusieurs séropositifs vivent toujours sans symptôme de dix à quinze ans après le diagnostic. D'autres encore sont porteurs du virus mais leur niveau de défense immunitaire demeure stable. Certains dont le système immunitaire s'était considérablement affaibli ne présentent toujours pas de symptômes après plusieurs années dans cet état. On a aussi constaté que 20 % de ces survivants à long terme semblaient combattre le virus puisque leur nombre de cellules immunitaires augmentait sans cesse, et ce alors qu'ils ne recevaient aucun traitement. Finalement, au début des années 1990, des chercheurs ont annoncé qu'il existe une possibilité de réversion sérologique en cours d'infection. Or, le public n'a pas entendu parler de cette possibilité. Ces chercheurs auraient cependant constaté la disparition du virus chez un certain nombre d'adultes, ce virus dont on dit pourtant qu'il a confondu la science et le progrès. N'est-ce pas une autre démonstration que tout est possible et que le potentiel d'autoguérison du corps humain est des plus étonnants ?

LES ATTENTES NUISIBLES

Juste avant qu'on l'endorme, l'homme a regardé l'anesthésiste droit dans les yeux et a dit: «Ce sera un échec de toute façon, j'en suis certain!» Et c'est exactement comme il s'y attendait que les choses se sont déroulées. Malgré la greffe d'un rein compatible et une intervention parfaitement bien réussie, pratiquée par un des meilleurs spécialistes, son organisme rejeta le nouveau rein deux jours plus tard et s'infecta. Une seconde intervention mena au même résultat.

Parfois, les attentes d'un individu expliquent que sa maladie ne puisse être traitée ou que sa condition se détériore sans raison apparente. Les chercheurs font d'ailleurs régulièrement la démonstration qu'il est tout à fait possible d'influencer de façon négative l'état de santé d'une personne simplement en manipulant ses attentes[28]. Il est par exemple facile de faire apparaître rapidement de nouveaux symptômes physiques en laboratoire. Au cours d'une expérimentation, on a affirmé aux participants qu'on leur adminis-trerait une onde électrique qui traverserait leur cerveau, une onde qui pouvait dans certains cas causer des douleurs ultérieures. On les a ensuite branchés à un appareillage sophistiqué, des élec-trodes sur les tempes, puis on a appuyé sur le bouton devant envoyer la charge. L'astuce venait de ce qu'aucune décharge de courant n'était administrée. Pourtant, les deux tiers des sujets ont par la suite souffert de maux de tête.

Au cours d'une autre expérimentation, on a infligé de petits chocs électriques, en les accompagnant d'un son, aux participants. Chaque sujet était relié à un appareil permettant de détecter les variations du rythme cardiaque et de la température du corps. Au tiers des participants, on a affirmé que le son avait des propriétés analgésiques et qu'ils devraient donc sentir peu de douleur. À l'autre tiers, on a affirmé le contraire, à savoir qu'ils seraient plus sensibles à la douleur. Au dernier tiers, on n'a pas fait mention du son ni de ses effets possibles. Les résultats ont été dans le sens des attentes des personnes. Dans une étude du même type on a fait avaler aux participants une capsule en prétendant qu'il s'agissait d'un contractant. En fait, la capsule ne contenait qu'un aimant per-mettant de mesurer l'activité de l'estomac. Les analyses ont con-firmé que le fait de s'attendre à des contractions avait bel et bien augmenté l'activité stomacale et causé des contractions.

Un phénomène inusité qui a suscité un fort intérêt chez des chercheurs américains dans les années 1970 et 1980 illustre bien comment les attentes des individus peuvent avoir des effets néfas-tes sur leur physiologie. Il s'agit de ce que l'on a appelé les *maladies psychogéniques de masse*[29]. Comme leur nom l'indique, ces maladies sont générées par des facteurs psychologiques dans un contexte où de nombreuses personnes sont regroupées. Ce phénomène a été observé à de nombreuses reprises dans des entreprises améri-caines, particulièrement des manufactures et chaînes de montage où les travailleurs sont en contact étroit. Il se déroule toujours de la même façon : une personne, parfois quelques-unes, commence à se plaindre de symptômes ; il peut s'agir de maux de tête, de nausées, de vertiges, d'évanouissements et même de réactions d'intoxication. Lorsque l'on examine la personne, il s'avère parfois qu'elle souffre d'un virus ; d'autres fois, son état est normal. Or, soudainement, aussitôt qu'ils sont informés de la condition de leur collègue, des dizaines de travailleurs commencent eux aussi à souffrir de symptômes identiques. Pourtant, lorsque les médecins les examinent, ils ne trouvent rien : ni virus, ni toxicité, qui puisse expliquer l'apparition des symptômes. Les symptômes sont cependant des plus réels et affectent l'organisme au point de nécessiter parfois l'hospitalisation du patient. Lorsque les personnes affectées recouvrent la santé et que les autres travailleurs en sont informés, la soi-disant épidémie cesse soudainement.

Une des maladies vis-à-vis de laquelle les attentes sont particulièrement négatives est le SIDA. Les personnes atteintes de ce syndrome prennent généralement des quantités impressionnantes de médicaments. Les médecins et les pharmaciens doivent prévenir les patients des effets secondaires possibles car les médicaments prescrits en provoquent de nombreux – des effets secondaires dont on dit parfois qu'ils sont pires que les symptômes dont la personne souffre déjà. Les patients les connaissent donc bien et s'attendent à les ressentir dès le début des traitements. Le problème principal est que, les chercheurs étant toujours à la recherche d'une cure pour le SIDA, les personnes atteintes doivent souvent suivre les traitements proposés dans le cadre d'études expérimentales. Comme le veut la méthodologie de recherche, des patients prennent le médicament et d'autres, un placebo, aucun ne sachant ce qu'il prend. Tous sont avertis des effets secondaires possibles. C'est dans ce cadre que l'on constate l'effet désastreux que peuvent produire les attentes négatives. Tout d'abord, plusieurs des personnes du groupe placebo souffrent d'effets secondaires au point qu'elles décident d'abandonner le traitement. Elles ne prenaient pourtant rien qui pouvait produire ces effets, seules leurs attentes les ont créés. Par ailleurs, plusieurs des patients qui absorbent le véritable médicament sont tellement convaincus d'avoir été assignés au groupe placebo, et donc de ne rien prendre d'actif, qu'ils ne ressentent aucun des effets escomptés. Le fait que leur traitement n'agisse pas n'a rien de surprenant. Les chercheurs ont souvent fait la démonstration que les attentes peuvent contrecarrer les effets d'une substance active, empêcher un traitement efficace d'agir. On peut par exemple annuler les effets analgésiques et antihistaminiques de médicaments puissants et ce, simplement en convainquant les personnes qui en prennent qu'il ne s'agit que de placebos. Plus encore, en procédant de la même façon, il est possible d'annuler les effets d'une drogue aussi forte que le LSD. Il se trouve ainsi des personnes qui, parce qu'il leur a été dit que le produit qu'elles reçoivent par injection n'est que de l'eau ou un placebo, ne ressentent aucun des effets psychologiques et physiologiques normalement associés à la prise de LSD.

LES ATTENTES DU THÉRAPEUTE

Les attentes du patient ne sont pas le seul facteur déterminant qui joue dans le processus de guérison : les attentes et les espoirs du thérapeute influencent grandement celles de leurs patients et ont ainsi des conséquences directes sur leur santé[30].

Déjà en 1954, on observait l'effet qu'un médecin enthousiaste a sur les personnes souffrant d'hypertension. Au cours d'une étude, le médecin avait pour consigne de vanter les mérites d'un médicament pour l'hypertension à ses patients et de montrer de l'assurance face à la guérison. Après la consultation, on mesurait la tension artérielle des patients pour constater que leur hypertension commençait déjà à diminuer ; cela, avant même qu'ils aient pris la première dose de médicament.

En 1987, un chercheur demande à deux médecins généralistes d'adopter des attitudes opposées pendant leurs rencontres avec 200 personnes souffrant de divers maux (douleurs, grippes, infections, nausées, problèmes digestifs). Un des médecins doit systématiquement se montrer optimiste face au traitement proposé et l'autre paraître pessimiste. Dans le premier cas, le médecin donne un diagnostic ferme au patient. Il lui prescrit ensuite un médicament en lui disant que celui-ci l'aidera, ou il ne lui en donne pas en lui affirmant que ce n'est pas nécessaire. Puis il l'assure qu'il se portera mieux d'ici quelques jours. Dans le second cas, celui du praticien devant adopter une attitude négative, le médecin doit affirmer au patient qu'il n'est pas certain de ce dont celui-ci souffre. Ensuite, soit il ne lui donne aucun médicament, soit il lui en prescrit un en lui disant : « Je ne suis pas sûr que ce traitement aura un effet. » Les résultats de l'expérimentation furent très concluants : la condition de 64 % des patients du médecin optimiste s'est améliorée significativement tandis que seulement 30 % des patients du médecin pessimiste se portaient mieux. Ces résultats sont encore plus intéressants quand on sait que la moitié des patients du médecin optimiste n'avaient reçu qu'un traitement placebo. De plus, aucun des patients de ce dernier n'a ressenti d'aggravation de ses symptômes alors que ce fut le cas de 12 % de ceux du thérapeute pessimiste.

Au cours d'une expérimentation visant à valider une nouvelle intervention chirurgicale à l'estomac, les deux chirurgiens assignés à l'étude devaient afficher des attitudes différentes devant leurs patients : le premier se montrait enthousiaste face à la nouvelle procédure, le second plutôt sceptique. Après l'intervention chirurgicale, 82 % des patients du chirurgien enthousiaste ont vu leurs problèmes digestifs résolus tandis que seulement 47 % de ceux du chirurgien sceptique se sont sentis mieux. De plus, cinq ans plus tard, la majorité des patients du chirurgien sceptique avaient rechuté mais aucun de ceux du chirurgien enthousiaste.

Il semble que l'opinion d'un thérapeute n'ait même pas besoin d'être énoncée explicitement pour avoir des répercussions sur la santé des patients. Une étude qui s'est faite à l'insu du médecin impliqué dans l'expérimentation d'un traitement confirme que même le langage non verbal peut influencer les attentes des patients et affecter leur état. Au beau milieu d'une étude sur un nouveau médicament censé faire baisser la tension artérielle, on a dit à un médecin très enthousiaste que les prochains comprimés qu'il donnerait aux patients pouvaient n'être que des placebos. On lui a aussi expliqué qu'il serait dans l'impossibilité de les distinguer du véritable médicament puisqu'ils auraient la même apparence. Cette nouvelle a bien entendu diminué de beaucoup son enthousiasme. Et l'on a aussitôt remarqué des hausses de tension artérielle chez les personnes qui sont ensuite entrées dans son bureau, ce qui ne s'était pas produit une seule fois auparavant. Pourtant, en apparence, le médecin adoptait toujours la même attitude… Sa baisse d'enthousiasme s'est malgré tout communiquée à ses patients, et elle a eu des effets immédiats sur la physiologie de ces derniers sans que ceux-ci ou lui-même en aient eu conscience.

En fait, les études sont unanimes : les médecins qui ont confiance en leur traitement, ont de grandes attentes et communiquent leur enthousiasme à leurs patients, sont ceux qui produisent le plus d'effets positifs chez ces derniers. Plus un clinicien est optimiste face au traitement prodigué, meilleurs sont les résultats. Les thérapeutes qui ont innové et créé de nouveaux traitements obtiennent les plus forts taux de succès parce que leur confiance dans le traitement est particulièrement élevée. Les effets attribuables aux thérapeutes sont encore plus impressionnants lorsqu'il s'agit d'un spécialiste réputé.

Bien entendu, l'inverse est aussi vrai : plus un médecin est négatif ou ambigu vis-à-vis d'un traitement, moins celui-ci est efficace. L'incertitude et les attentes négatives qui en découlent chez les patients risquent d'affecter le déroulement de leur maladie et de nuire à leur rétablissement. Et, encore une fois, plus le spécialiste est réputé, plus son discours et son attitude peuvent avoir des conséquences néfastes. Lorsqu'une personne entre dans le bureau d'un médecin et que celui-ci lui annonce que ses symptômes sont dus à un simple rhume de cerveau, cette personne ne sera pas affectée. Ses attentes seront des plus optimistes : tout le monde sait que le rhume ne tue pas. Par contre, si elle reçoit un diagnostic de tumeur, ses appréhensions seront tout autres. Le mot « tumeur » étant associé à celui de « cancer », ses attentes risquent fort d'être on ne peut plus pessimistes. Si, dans de telles circonstances, le médecin se montre très négatif face à la condition de la personne ou aux traitements envisageables, les conséquences peuvent être des plus dommageables, particulièrement s'il est une sommité dans le domaine. Les personnes atteintes du SIDA subissent ces effets pervers lorsqu'elles se retrouvent face à des soignants qui les condamnent systématiquement. On sait d'ailleurs que plus leurs attentes face au traitement sont négatives, plus rapide est la progression du virus et moins elles vivent longtemps. Un homme qui ne ressentait aucun symptôme avant qu'on lui annonce qu'il avait une tumeur inopérable au cerveau s'était entendu dire par le spécialiste : « D'ici quelques semaines, la tumeur aura atteint les centres de la vision et votre vue deviendra trouble. Vous souffrirez sûrement d'importants maux de tête et de vertiges. Ensuite, il se peut que certains de vos membres s'engourdissent soudainement. Il vous faudra alors cesser de conduire et éviter de vous éloigner de votre domicile à moins d'être accompagné. Lorsque votre élocution sera affectée, il sera préférable de vous faire hospitaliser car c'est le signe que la fin est proche. Vous devriez d'ailleurs aviser votre famille au plus tôt et prendre les dispositions relatives à votre décès : il vous reste tout au plus trois mois à vivre. » Le soir même, l'homme a commencé à éprouver des difficultés à lire. Quelques jours après, il souffrait de migraines et de vertiges, puis ses membres commencèrent à s'engourdir. Trois mois plus tard, il décédait.

Beaucoup de cliniciens vous le diront : lorsque les patients ne sont pas informés des différents symptômes et de la progression normale de la maladie, il est fréquent que ces symptômes n'apparaissent pas ou qu'ils apparaissent beaucoup plus tard que prévu. Par contre, lorsqu'ils en sont informés, il est étonnant de constater à quel point les symptômes se manifestent tels qu'ils avaient été décrits. De plus, si un verdict est tombé sur la durée de vie restante, la maladie emporte souvent le malade dans les délais annoncés, presque comme si ce dernier avait suivi un échéancier au jour le jour.

LA RELATION PATIENT-THÉRAPEUTE

«Je n'aime pas ce médecin, il est antipathique et il ne m'écoute pas quand je lui parle. Je ne veux pas que ce soit lui qui m'opère!», ne cessait de répéter l'homme aux membres de sa famille. «Voyons papa, il a une excellente réputation!», répliquait son fils qui avait remué ciel et terre pour que son père soit suivi par ce spécialiste réputé. «Si tu en choisis un autre, l'intervention sera reportée et tu auras peut-être à attendre longtemps avant d'être opéré», lui disait sa conjointe. Jusqu'à la dernière minute, l'homme a hésité. Finalement, ce matin-là, il s'est présenté à l'hôpital comme prévu: son fils et sa femme avaient raison, il n'y avait pas de quoi faire un drame, d'autant qu'il s'agissait d'une intervention banale et courante. L'homme a été anesthésié et il ne s'est jamais réveillé.

Outre les attentes du thérapeute, un autre facteur a une influence essentielle sur la santé des personnes qui consultent: sa personnalité. La personnalité de celui qui prodigue les soins est en effet d'une importance majeure dans l'issue de la maladie de ses patients. Dès les premières études contrôlées sur l'hypertension, on avait ainsi noté qu'il est essentiel de tenir compte de l'attitude du médecin dans le traitement de cette problématique si fortement liée aux émotions. En ce sens, on avait constaté à maintes reprises que lorsque le thérapeute est chaleureux et content de voir ses patients, les médicaments hypotenseurs ont généralement l'effet escompté et réduisent rapidement la tension artérielle. On avait aussi observé que lorsqu'il est froid ou distant, le médicament peut non seulement être inefficace, mais aussi augmenter cette tension. Les expérimentateurs savent d'ailleurs que lors des tests en laboratoire de nouveaux médicaments, il leur faut être prudents: s'ils sont trop aimables avec les participants, ils augmentent de façon drastique les effets placebos. Ironiquement, on constate que parce que les expérimentateurs adoptent en général l'attitude la plus neutre possible et ne se montrent ni trop sympathiques ni trop attachants, les médicaments qu'ils ont testés, lorsqu'ils sont prescrits ultérieurement dans un contexte clinique, ont souvent d'autres effets que ceux obtenus lors des expérimentations. En fait, s'ils sont prescrits par un médecin aimable et apprécié de ses patients, les mêmes médicaments peuvent donner des résultats jusqu'à dix fois meilleurs que ceux obtenus lors des tests en laboratoire.

Ce que les médecins d'avant Jésus-Christ avaient compris, il nous aura fallu plusieurs siècles avant de le comprendre à notre tour : le thérapeute est une composante active du traitement. La relation entre le docteur et le patient a une longue histoire. Dans les débuts de la médecine, c'est tout ce que le docteur avait vraiment à offrir aux malades. Peu importe nos progrès scientifiques, le thérapeute lui-même est toujours l'agent thérapeutique le plus important : les bons médecins, leur talent est depuis toujours de savoir jouer avec, et gérer, les émotions des patients[31].

En 1970, le Dr Shapiro, un des innovateurs dans l'étude de l'effet placebo, a introduit un terme dans la littérature scientifique pour désigner les effets résultants de l'attitude psychosociale du clinicien : *l'iatroplacebogenèse*. Ce concept décrit l'effet généré par le médecin sur ses patients, effet qui sera positif ou négatif selon sa personnalité, son attitude et l'intérêt qu'il leur porte lors des consultations. On sait maintenant que les médecins, psychiatres et psychologues qui obtiennent les meilleurs résultats sont ceux qui établissent les meilleures relations avec leurs patients ; cela, grâce à des caractéristiques qui font d'eux des thérapeutes particulièrement doués pour soigner : ils sont amicaux, chaleureux, aimables, communicatifs, sympathiques. Ils sont aussi très empathiques, c'est-à-dire qu'ils ont la capacité de comprendre les émotions et la souffrance d'autrui et de manifester leur compréhension. Ce sont des individus qui font preuve d'une grande sensibilité et de compassion à l'égard d'autrui. De plus, ils prennent le temps de discuter de leurs symptômes ainsi que des effets du traitement avec leurs patients, et ils voient ceux-ci régulièrement jusqu'à ce qu'ils soient rétablis. Ces thérapeutes sont ceux qui provoquent le plus d'effets placebos positifs. Lorsqu'ils utilisent les traitements appropriés, ces effets placebos s'additionnent aux effets des bons médicaments et donnent des résultats inespérés. Ce sont d'ailleurs la personnalité de l'intervenant et la qualité de la relation qu'il a avec son patient qui expliqueraient que l'on arrive difficilement à distinguer les effets placebos des effets réels des médicaments contre l'anxiété et la dépression. Lorsque ces médications sont prescrites, c'est en effet souvent dans le cadre de psychothérapies qui offrent un contact étroit avec le thérapeute. Si le patient consulte un bon thérapeute qui fait preuve de compréhension à son égard, tous les facteurs favorisant la présence d'effets placebos positifs et donc, la guérison, sont alors en place: attention, communication, compassion, empathie, relation de confiance. Et effectivement, ce sont les psychologues et les psychiatres que l'on trouve les plus aimables qui obtiennent le plus de guérisons des divers troubles de santé mentale et dans les délais les plus courts, avec ou sans médication.

À l'inverse, les patients laissés à eux-mêmes, que les médecins voient rarement ou avec lesquels ils discutent peu, ont moins de chances de guérir. Parfois même, on constate qu'ils dépérissent au lieu d'aller mieux alors qu'ils le devraient compte tenu du traitement qu'ils reçoivent. En fait, les patients des thérapeutes amicaux, chaleureux et attentifs obtiennent jusqu'à deux fois plus de résultats positifs que ceux des thérapeutes froids, non empathiques ou peu bavards. Malheureusement, nous sommes à l'ère de la rapidité et de la course à la performance. Les médecins n'ont plus de temps à consacrer à leurs malades ou, dans certains cas, ils ne le prennent pas. Beaucoup consultent des banques de données informatiques pour connaître l'histoire médicale des patients plutôt que d'en discuter avec eux. Ils peuvent ainsi rencontrer quatre, six, voire dix personnes en l'espace d'une heure. Partout, dans nos hôpitaux, le personnel soignant court dans les couloirs, se précipite d'un lit à l'autre. Par le passé, le médecin était perçu comme la composante majeure du traitement, aujourd'hui ce sont les traitements qui apparaissent comme les plus importants. Nous misons sur des traitements dont nous ne connaissons pourtant pas la valeur réelle malgré toute notre science et les progrès de la médecine, et nous négligeons la relation patient-thérapeute. Or, si nous nous fions aux connaissances actuelles, nous sommes vraiment dans l'erreur. Les spécialistes s'entendent : un système de santé qui minimise l'importance de la relation entre le patient et le clinicien réduit grandement les effets considérables du potentiel d'autoguérison de l'être humain. À la fin des années 1980, dans la revue *British Medical Journal*, le Dr K. B. Thomas posait la question : « Pendant des milliers d'années, l'action des placebos a réussi à faire se sentir mieux un grand nombre de patients. Avons-nous réussi à donner des consultations dans lesquelles l'effet placebo n'agit pas[32] ? »

QUAND LES ÉMOTIONS S'EN MÊLENT !

Comment expliquer que des facteurs tels que le contexte, les attentes et la qualité de la relation patient-thérapeute aient autant d'impact sur la santé d'une personne ? Une des réponses les mieux documentées à ce jour nous provient des études en psychophysiologie et, plus récemment, en psycho-immunologie. Les recherches dans ces domaines ont pour objectif de mesurer les effets des pensées et des émotions sur le corps humain. Le Dr Rossi montre que ces recherches ont, entre autres, permis de prouver que le stress et les émotions pénibles ont des effets néfastes immédiats sur notre santé. L'anxiété et la peur peuvent causer des déséquilibres physiologiques et avoir des impacts sur le développement et l'issue des maladies cardiovasculaires, de l'asthme, des allergies, de la douleur chronique, des cancers, etc. D'autres corrélations sont apparues entre le nombre de facteurs sociaux et personnels de stress, le nombre d'événements négatifs vécus, et la quantité de symptômes, chez des personnes atteintes de maladies telles que l'arthrite, le diabète. Nous savons maintenant que les situations d'inquiétude et de stress intense peuvent affecter l'organisme en moins de temps qu'il est nécessaire pour avaler un repas. Des chercheurs ont par exemple voulu mesurer l'impact d'un diagnostic chez des personnes en attente de celui-ci. Les participants à cette étude s'étaient présentés pour une analyse de sang dans le but de savoir s'ils avaient été contaminés par le virus d'immunodéficience de l'humain (VIH). Après la prise de sang, ils devaient attendre le résultat du test dans une salle. Le médecin les recevait ensuite pour leur transmettre ce résultat. À la suite de cette rencontre, on prenait un second échantillon de sang. Les résultats ont été particulièrement révélateurs : la résistance immunitaire de ceux qui avaient reçu un diagnostic de séropositivité avait aussitôt baissé. Le choc de la nouvelle avait donc eu des conséquences immédiates sur leur système immunitaire. Les effets du stress sur le système immunitaire sont d'autant plus regrettables que c'est aussi ce système que le VIH attaque. Le même phénomène a été observé chez les astronautes lorsqu'ils sont exposés à des situations incontrôlables dans lesquelles leur vie est en danger : les fonctions de défense de leur système immunitaire disparaissent très rapidement. Les conséquences du stress sur les animaux et les humains sont claires : tout être connaissant un stress important voit aussitôt sa résistance immunitaire s'affaiblir.

Les émotions négatives intenses telles que la colère et la peur peuvent aller jusqu'à causer la mort. On sait par exemple que les individus très colériques de même que ceux qui répriment leurs émotions puis explosent lorsqu'ils les expriment, souffrent le plus souvent de problèmes cardiaques. À cet effet, le Dr Chopra raconte l'histoire d'un homme d'une quarantaine d'années qui se plaignait de douleurs à la poitrine. Lorsque le Dr Chopra lui conseilla de se présenter à son bureau pour un examen, l'homme se mit colère, se disant trop occupé. Quelque temps plus tard, voyant ses douleurs augmenter, il se présenta tout de même à la clinique. Après l'examen, le médecin lui annonça qu'il devait s'agir de problèmes d'angine de poitrine et lui dit qu'il était donc souhaitable qu'il se rende à l'hôpital pour faire des examens approfondis. L'homme se remit alors violemment en colère, puis, soudainement, saisit sa poitrine à deux mains et s'effondra. Le médecin ne put le ranimer. Les examens post-mortem démontrèrent que les artères de cet homme n'étaient pourtant pas bloquées. C'est l'intensité de la colère qui avait provoqué les spasmes des artères et causé sa mort.

Des pionniers dans la recherche en psychologie se sont particulièrement intéressés aux effets néfastes de la peur sur le corps humain. Au cours de ces recherches, certains ont étudié le phénomène du vaudou. Ils rapportent des observations faites sur des personnes prétendant avoir été victimes d'un sort. Un homme est par exemple pointé du doigt ou désigné par un objet rituel par un sorcier. Selon les croyances vaudou, cela signifie qu'il va perdre son âme et mourir. Rapidement, l'homme tombe malade et doit être hospitalisé. Trois jours plus tard, il meurt. L'autopsie indique qu'il est décédé des suites d'un épuisement général de son organisme. En fait, il est littéralement mort de peur.

La tristesse peut aussi avoir des effets très dommageables. Les gens qui souffrent de tristesse et de dépression meurent plus jeunes et souffrent plus souvent de maladies chroniques et de cancers que la moyenne des gens. Il est aussi bien connu des psychologues de la santé que de nombreuses personnes décèdent le jour anniversaire de la mort d'un conjoint; un phénomène qui se répète trop souvent pour ne s'expliquer que par le hasard. Le D\u1d63 Dossey, auteur de best-sellers sur la médecine et l'art de guérir, rapporte entre autres le cas d'un patient qui avait été hospitalisé après avoir subi plusieurs attaques cardiaques. Un lien avait été clairement établi entre son taux de cholestérol sanguin, trop élevé, et ses attaques; le séjour à l'hôpital visait donc à réduire le cholestérol sous surveillance médicale. Alors qu'il était hospitalisé et sous médication, son taux de cholestérol sanguin diminuait et il se portait à merveille, jusqu'au jour où sa nouvelle compagne quitta la ville sans le prévenir. À partir de ce moment-là, sa concentration de cholestérol s'est mise à augmenter. Lorsque la femme fut de retour, elle lui apprit qu'elle avait rencontré un autre homme. Le patient est devenu immédiatement déprimé et son taux de cholestérol sanguin a recommencé à grimper. Quatre jours plus tard, il décédait d'un infarctus du myocarde.

L'état émotif d'une personne est donc des plus importants, surtout lorsqu'elle est malade. Cet état peut faire toute la différence et déterminer si elle survivra ou non à la maladie. Les données sur les effets désastreux des émotions négatives illustrent bien les impacts possibles de certains facteurs tels que la relation patient-thérapeute ou les attentes de chacun sur une personne malade, et à quel point il est essentiel d'en tenir compte. Lorsque l'on annonce à une personne qu'elle est atteinte d'un cancer, qu'elle a une tumeur inopérable ou qu'elle doit subir une transplantation cardiaque, son niveau de stress augmente en flèche et ses attentes sont souvent très pessimistes. Si, de surcroît, son médecin traitant se montre froid et antipathique, s'il est ambigu face au traitement et si les soins sont prodigués dans un contexte inquiétant, les conséquences peuvent être dramatiques.

En contrepartie, heureusement, la diminution du stress et de l'anxiété, ou la présence d'émotions positives, a des effets bénéfiques sur l'organisme. En plus de réduire le risque de maladie, elle permet à l'organisme de réactiver ses mécanismes de défense. C'est ce qui se produit lorsqu'une personne est soignée dans un contexte rassurant par un personnel attentif et soucieux de son bien-être. On sait ainsi que si l'on arrive à diminuer le niveau d'anxiété d'un malade, on augmente systématiquement ses chances de guérison. Les enfants récupèrent par exemple plus rapidement après une chirurgie lorsque les membres du personnel médical parlent avec eux et leurs parents pour diminuer leur anxiété. Moins d'anxiété et de peur signifie aussi moins de médicaments contre la douleur après les chirurgies. De plus, la majorité des études montrent que les patients moins anxieux qui ne prennent pas de médicaments connaissent une amélioration de leurs symptômes aussi importante que les plus anxieux qui suivent une médication. De même, bien informer les patients atteints du SIDA des possibilités de vie normale et de survie, suffit à augmenter leurs défenses immunitaires. Sachant à quel point les émotions négatives peuvent affecter le système immunitaire, des chercheurs utilisent aujourd'hui des techniques de gestion du stress afin d'atténuer les réactions de détresse des patients recevant un diagnostic de séropositivité. Cette simple précaution réussit à prévenir les baisses de résistance immunitaire qu'un tel diagnostic cause habituellement.

Lorsque nous consultons un thérapeute, que désirons-nous au juste ? Pour la plupart d'entre nous, la réponse est identique : nous souhaitons être rassurés. Nous voulons entendre que nous ne souffrons de rien de grave et que, si nous sommes malades, il s'agit d'une maladie connue pour laquelle un traitement existe. Nous avons besoin d'entendre que nous n'en mourrons pas et que la médecine peut nous aider. Des attentes positives, l'espoir d'un traitement efficace, réduisent le sentiment d'impuissance et augmentent le sentiment de contrôle sur la maladie. Ce sentiment permet à l'organisme de ralentir son niveau d'activité physiologique, de se libérer du stress et de mettre en marche ses mécanismes de guérison. La sensation de pouvoir contrôler la maladie peut aussi permettre à la personne de remarquer des changements dans sa condition qui, même s'ils sont minimes, l'encourageront. Une boucle de rétroaction positive s'enclenche : constatation des améliorations → baisse de l'anxiété et de la peur → augmentation des attentes et des émotions positives → activation des mécanismes d'autoguérison → nouvelles améliorations et constatation de celles-ci.

Depuis quelques années, on étudie beaucoup ces boucles entre la diminution de la peur, la présence d'émotions positives et le fonctionnement du système humain[33]. Des neuropsychologues ont récemment prouvé qu'il est possible pour un individu d'augmenter ou de diminuer sa production de neurotransmetteurs en quelques minutes, et ce, simplement en s'efforçant de ressentir une émotion spécifique. Pour arriver à cette conclusion, les neuropsychologues ont demandé à des personnes de fermer les yeux et d'imaginer des situations à même de susciter certaines émotions. Pendant l'exercice, des mesures de l'activité cérébrale et neurochimique étaient prises à l'aide d'appareils de résonance magnétique et d'analyses de sang. Les chercheurs ont ainsi constaté que lorsqu'une personne se concentre pour ressentir de la joie, son cerveau connaît une augmentation de sérotonine. Si, par contre, elle se plonge dans un état de tristesse, ce neurotransmetteur diminue. Cette observation est particulièrement intéressante, car c'est précisément le déficit en sérotonine qui est associé à la dépression et aux troubles anxieux.

C'est d'ailleurs principalement sur ce neurotransmetteur que les antidépresseurs actuels agissent pour en augmenter la quantité disponible. Le fait de ressentir de la joie peut donc produire des effets similaires à la prise d'antidépresseurs.

D'autres scientifiques s'intéressent particulièrement aux liens entre l'hypothalamus et la sécrétion d'hormones impliquées dans le processus de guérison. Ils constatent de plus en plus à quel point ces liens sont sensibles à nos perceptions, nos pensées et aux humeurs qui en découlent. Ces liens sont particulièrement actifs et efficaces. Il ne s'agit que de les activer pour que les commandes du cerveau aux organes et aux cellules induisent la régénération saine de ceux-ci. C'est ainsi que des lésions peuvent guérir et, parfois, des tumeurs se résorber.

SE FAIRE CONFIANCE

Toutes ces données, obtenues grâce à l'étude des effets placebos, démontrent à quel point l'enclenchement du processus de guérison est complexe et combien l'aspect psychophysiologique est déterminant et mérite d'être pris au sérieux. Elles indiquent clairement que certains facteurs peuvent faire toute la différence quand il s'agit de notre santé. C'est ainsi que dans certains contextes où règnent l'inquiétude ou l'indifférence, seulement 20 % des personnes qui reçoivent le meilleur traitement vont guérir. Tandis que dans des contextes chaleureux suscitant la confiance et des attentes élevées, le même traitement pourra en guérir 80 %. Ce sont aussi ces facteurs qui permettent d'expliquer en grande partie pourquoi certaines personnes deviennent encore plus malades après avoir consulté.

Les données nous indiquent qu'en moyenne nos attentes face à un traitement déterminent 50 % du résultat. La relation avec le thérapeute serait responsable d'un autre 25 %. Finalement, le traitement lui-même ne compterait que pour 25 %. Les chercheurs croient que les facteurs impliqués dans le processus de guérison agissent en synergie. Donc, si le patient et son thérapeute ont des attentes positives, s'ils sont confiants et si, en plus, ils ont une bonne relation, les chances de guérison augmentent de façon exponentielle.

S'il y a bien une leçon à retenir des connaissances acquises à ce jour, c'est qu'il faut se faire confiance. Vous préférez un thérapeute à un autre? Alors, n'hésitez pas à le choisir, les recherches vous donnent raison. Vous craignez un traitement? En ce cas, réfléchissez bien, car si vous l'entreprenez à reculons, cela le rendra peut-être inefficace, voire même nuisible. Le Dr Siegel affirme qu'un traitement est efficace si le patient l'accepte consciemment et inconsciemment[34]. Les personnes qui vous soignent, l'ambiance dans laquelle elles vous prodiguent les soins et la façon dont vous vous sentez avec elles sont déterminantes. Tous ces éléments contribuent grandement au fait que vous guérirez ou non.

Une autre chose est certaine: les facteurs évoqués ne rendent pas compte de tout. Comment, par exemple, expliquer que les comprimés bleus provoquent un effet calmant chez la plupart d'entre nous mais causent de l'agitation chez quelques-uns? Pourquoi une injection est-elle très efficace pour la majorité des gens mais peut provoquer des réactions presque tragiques dans certains cas? Pourquoi certaines personnes font des réactions nocebos à presque tous les médicaments qui leur sont prescrits, même à ceux qui ne contiennent rien d'actif? Et, surtout, pourquoi des personnes confiantes, recevant les meilleurs traitements dans un environnement rassurant et de la part d'un thérapeute qu'elles apprécient, succombent parfois à des maux plutôt bénins, tandis que d'autres, très anxieuses, faisant l'objet de traitements inappropriés dans des conditions difficiles, survivent à des cancers généralisés?

4

Rituels et conditionnements

*Le sorcier tourna autour d'elle trois fois
et coupa une mèche de ses cheveux
puis sa fièvre disparut.*

Lorsque j'étais enfant et que je me sentais malade, ma mère me donnait toujours un bon bol de soupe. Aujourd'hui, lorsque je ressens de la fatigue ou des malaises, j'ai le réflexe de prendre un bol de soupe. Une de mes amies racontait que, chez elle, lorsqu'un des enfants se blessait, leur père le prenait dans ses bras et le berçait en soufflant sur sa plaie après y avoir mis un peu de lait. Aujourd'hui, elle et ses frères possèdent tous une chaise dans laquelle ils peuvent se bercer à leur domicile et l'utilisent en proclamant haut et fort que se bercer apaise leurs douleurs, ce qui fait bien rire certains membres de leur entourage. Vous avez sûrement connu ce genre de rituels. Si, tout comme moi et la famille de cette amie, vous les répétez à présent que vous êtes adultes, ils vous réconfortent assurément. On peut penser que ces gestes n'ont qu'un effet psychologique, et qu'au fond ils donnent faussement l'impression d'être guéris. Pourtant non! Ces rituels ont un réel pouvoir de guérison, un pouvoir qui s'explique par le mécanisme du conditionnement.

Tout comme les attentes et les émotions, le conditionnement est impliqué dans le déroulement et l'issue d'une maladie ainsi que dans les réactions au traitement reçu. C'est le conditionnement qui explique que beaucoup d'entre nous commençons à guérir avant même de prendre le médicament prescrit, et cela même si nos attentes sont nulles. C'est aussi ce phénomène qui explique que parfois certaines personnes ne guérissent pas malgré leurs attentes positives et les meilleurs traitements reçus dans les contextes les plus rassurants. C'est encore le conditionnement qui, la plupart du temps, permet de comprendre pourquoi certaines personnes ont des réactions inattendues ou font l'expérience d'effets nocebos — ces effets inexplicables qui ne se produisent pas chez la majorité des gens se trouvant dans les mêmes conditions.

ÊTRE CULTURELLEMENT CONDITIONNÉ À GUÉRIR

Le conditionnement agit sur chacun d'entre nous et détermine souvent nos réactions, nos émotions et nos comportements, généralement à notre insu et comme par réflexe. Il suffit qu'une action ou une stimulation soit associée à une autre pour que notre cerveau enregistre cette association. Si l'association se répète un tant soit peu, alors nous risquons d'être conditionnés, à savoir que la vue ou la pensée d'un objet ou d'une situation nous rappelle automatiquement l'autre. Un exemple : l'année dernière vous êtes tombé amoureux, et vous et l'être aimé aviez l'habitude de danser sur votre pièce de musique préférée. Depuis lors, chaque fois que vous entendez cette mélodie à la radio, elle vous rappelle systématiquement cette personne et les moments que vous avez passés ensemble. Si vous êtes toujours amoureux, c'est un heureux conditionnement. Si vous avez rompu, c'est une tout autre histoire…

C'est ainsi qu'au fil de notre vie, nous accumulons les associations et sommes progressivement conditionnés par celles-ci. Lorsque nous apercevons une voiture identique à celle d'un ami, nous pensons automatiquement à lui. De même, lorsque nous apercevons notre gâteau favori dans une vitrine, la faim nous assaille soudainement et notre estomac se prépare déjà à le digérer en émettant des sucs gastriques. C'est d'ailleurs pourquoi des illustrations d'aliments sont souvent affichées sur les murs des salles de consultation et de radiologie : le système digestif s'active à leur vue et cela facilite certains examens. Le conditionnement est souvent utilisé par des personnes qui veulent se dégoûter d'un produit dont elles sont dépendantes. Le fumeur qui souhaite arrêter de fumer s'oblige par exemple à inhaler la fumée de plusieurs cigarettes coup sur coup jusqu'à en avoir la nausée. Par la suite, la seule odeur de la cigarette lui donnera la nausée.

Dès le jeune âge, de nombreux conditionnements en lien avec la maladie et la guérison se créent. Déjà, à la naissance, la plupart d'entre nous sommes accueillis au sortir du ventre de notre mère par des personnes habillées de blanc : infirmières et médecins accourent et sont les premiers à nous toucher et à nous prodiguer des soins. Plus tard, si nous sommes malades, nos parents nous amèneront chez des spécialistes eux aussi souvent vêtus de sarraus blancs. Une première association se construit alors dans notre cerveau : sarrau blanc signifie soins qui, eux, égalent guérison ; donc sarrau blanc égale guérison. Pour certains peuples, le conditionnement se fera par le biais des costumes colorés et des dessins sur le visage du chaman ou du sorcier.

Chez la majorité des gens, la prise de certaines substances est associée au mieux-être. De fait, comprimés, sirops et injections correspondent tôt dans la vie à l'élimination de la douleur, à la guérison des plaies et à la disparition de divers symptômes. En fait, depuis les tout débuts de l'humanité, des gestes ont été répétés et se sont inscrits en nous, dans notre inconscient collectif dirait Carl Jung. Le rituel est sensiblement le même peu importe le peuple, l'époque et la culture : la personne malade se présente à l'individu qui est censé la guérir ; celui-ci la touche, l'examine, écoute ses plaintes, pose un diagnostic puis prescrit un médicament. L'ordonnance qui indique le remède, qui n'est généralement compréhensible que par un spécialiste, est amenée à ce dernier qui prépare la potion ou le médicament. Cela fait, le malade rentre chez lui et prend le remède selon des instructions bien précises : avant ou après le repas, au lever ou au coucher, dilué ou concentré, etc. Ainsi, nous sommes conditionnés à guérir dans certaines conditions.

Certains conditionnements sont particuliers à une époque, à une culture. En Europe comme en Amérique du Nord, des médicaments donnés par injection le sont souvent à des doses plus fortes que lorsqu'ils sont prescrits par voie orale. L'individu associe donc injection et effet puissant. C'est pourquoi son corps réagira désormais plus fortement à une prescription donnée sous forme d'injection qu'à la même prescription administrée oralement : son corps a été conditionné à déclencher ses propres mécanismes de guérison avec plus d'intensité lorsqu'il reçoit une injection. En Orient, les médications les plus puissantes sont plutôt administrées sous forme de boissons qu'en injections. Le conditionnement fait donc que les personnes réagissent plus fortement à des boissons même si celles-ci ne contiennent pas ou peu d'agent actif.

CONDITIONNER SON CORPS

Pour prouver que le corps répond effectivement en fonction de divers conditionnements, des scientifiques ont reproduit des réactions physiologiques conditionnées en laboratoire[35]. Les expérimentations ont d'abord été faites avec des animaux. On sait par exemple qu'il est possible de conditionner les réponses immunitaires d'un mammifère à partir d'associations. Un des procédés utilisés consiste à donner une substance qui augmente la résistance immunitaire, sous forme de gelée ayant un goût spécifique. Après que l'animal a reçu quelques doses de cette substance, son corps associe ce goût particulier à la production de nouvelles cellules immunitaires. Il suffit ensuite de lui donner une gelée de même goût mais ne contenant pas de substance active pour obtenir des résultats identiques : le nombre de cellules immunitaires augmente dans le sang de l'animal et celui-ci devient plus résistant à la maladie. De même, on peut reproduire les effets de n'importe quelle drogue chez des animaux, simplement en les conditionnant. Ainsi, si on leur injecte de la morphine ou de l'insuline à plusieurs reprises en associant l'injection à une baisse de l'intensité de lumière dans la pièce, il suffit ensuite de diminuer l'intensité de la lumière pour voir apparaître les réactions physiologiques associées à la prise de ces drogues.

Les êtres humains disposent naturellement de conditionnements susceptibles de déclencher des réponses physiologiques de toutes sortes. Certaines réponses psychoneuroendocrines sont conditionnées. Cela signifie qu'un déclencheur psychologique peut activer des réactions physiologiques au niveau du cerveau, réactions qui se répercutent sur le système endocrinien responsable de la gestion des hormones. Par exemple, quand une mère entend son nouveau-né pleurer, il se fait automatiquement une activation de son cerveau qui provoque la sécrétion de l'hormone ocytocine. Celle-ci entraîne à son tour la contraction des cellules de la glande mammaire permettant l'éjection du lait.

Des études similaires[36] à celles conduites sur les animaux ont été menées avec des sujets humains afin de vérifier s'il est possible de conditionner des réponses physiologiques et de les déclencher ensuite sur demande. Ces études ont démontré que l'on peut effectivement conditionner toutes les réponses de l'organisme, peu importe de quels système et fonction il s'agit : réponses immunitaires, activation des systèmes nerveux sympathique et parasympathique, stimulation des glandes endocrines et sécrétion d'hormones. C'est d'ailleurs le mécanisme de conditionnement qui est à la base de la technique de *biofeedback*, technique utilisée pour soulager les personnes souffrant de problèmes cardiaques ou d'hypertension. Un son ou une sensation est associé à la baisse du rythme cardiaque ou de la tension artérielle durant un certain nombre de séances. Par la suite, les patients peuvent modifier leurs réactions physiologiques à leur propre demande, simplement en s'exposant au stimulus auquel ils ont été conditionnés : le son ou la sensation. Quelques endocrinologues utilisent aussi le conditionnement pour habituer des femmes affectées par des déséquilibres hormonaux à sécréter les hormones nécessaires à la réduction de leurs symptômes. Cette technique est particulièrement étudiée pour trouver des moyens naturels de contrôle des symptômes causés par la ménopause.

Une expérience de conditionnement des plus intéressantes a été conduite par une équipe de chercheurs universitaires avec des personnes ayant des problèmes de consommation de drogue. Ces personnes recevaient chaque jour une dose de cocaïne en laboratoire, puis l'on prenait des mesures physiologiques afin d'enregistrer leurs réactions. La dose était toujours administrée sous forme d'injection, par la même infirmière, à la même heure et au même endroit. Immédiatement après l'injection, on enregistrait, comme prévu, les effets physiologiques connus de cette drogue sur la personne. Après un certain temps, sans que les participants en soient informés, les chercheurs ont modifié une partie de la procédure : la cocaïne était remplacée par de l'eau. Les résultats ont confirmé l'hypothèse de départ : les réactions cardiaques, les mesures de tension artérielle ainsi que les effets subjectifs ressentis par les personnes étaient les mêmes que si celles-ci avaient absorbé de la cocaïne. Leur corps avait été conditionné : sachant qu'à cette heure, grâce à l'injection de cocaïne donnée par telle infirmière, il réagissait de manière spécifique, il s'est chargé de reproduire exactement cette réaction avec de l'eau.

C'est ainsi que des mécanismes peuvent s'enclencher dans notre corps lorsque nous sommes en contact avec des stimuli associés à la guérison, sans même que nous en soyons conscients. Le conditionnement est à ce point efficace qu'il lui est possible d'activer certaines fonctions physiologiques afin de produire des hormones, des neurotransmetteurs et des cellules immunitaires. C'est par le mécanisme du conditionnement que l'on explique qu'à force de répéter un même geste, tel qu'absorber un comprimé blanc analgésique, le corps peut par la suite sécréter des analgésiques naturels et soulager la douleur même si le cachet blanc n'est qu'un placebo.

QUAND LE PASSÉ EST GARANT DE L'AVENIR

Bien que la plupart des gens, dans une même culture, soient conditionnés à guérir de façon similaire, chacun d'entre nous, de par son expérience personnelle de la maladie, connaît des conditionnements particuliers. Prenons l'exemple de cet homme qui avait dû consulter un médecin chaque mois dès son jeune âge car il souffrait d'anémie. Chaque fois qu'il se présentait dans le cabinet du médecin, ce dernier lui faisait boire sa dose de vitamines et de fer dans un jus de tomate, jus que ce patient détestait. Ces visites ont duré plusieurs années, puis, à l'adolescence, l'anémie du jeune homme a semblé définitivement guérie. Longtemps plus tard, alors qu'il travaillait beaucoup et négligeait de prendre des repas réguliers, l'homme en question commença à ressentir de nouveau les symptômes de ce mal qu'il connaissait si bien. Comme il devait partir à l'étranger, il fit faire des analyses de sang. Celles-ci indiquèrent qu'il souffrait effectivement d'une anémie sévère. Le médecin lui conseilla donc de se reposer et lui prescrivit des doses massives de vitamines à consommer pendant plusieurs mois. Pour ce travailleur acharné, il n'était cependant pas question de prendre congé. Il acheta donc les vitamines et quitta la ville en direction de l'aéroport. Dans l'avion, il réalisa qu'il avait oublié ses médicaments dans le taxi. Pendant le vol, avant le repas, plutôt que de demander un apéritif comme il en avait l'habitude depuis des années, il décida soudainement de prendre un jus de tomate. Quelques heures plus tard, il sentit la fatigue le quitter. Durant les six semaines qui ont suivi, il but du jus de tomate à chacun de ses repas. De retour chez lui, il retourna comme prévu à la clinique pour de nouvelles analyses. Gêné de ne pas avoir suivi le traitement, il n'en dit pas mot au médecin. Lorsque les résultats des analyses furent disponibles, quelle ne fut pas sa surprise. Le médecin lui annonça fièrement : « Eh bien ! Bravo. On peut dire que les vitamines ont été efficaces. Votre taux d'hémoglobine est parfait ! Vous pouvez cesser d'en prendre. »

Chez beaucoup d'entre nous, la plupart des conditionnements enclenchent des mécanismes d'autoguérison sans que nous le sachions car nous ne sommes pas conscients de nos conditionnements. Ils se sont souvent produits lorsque nous étions très jeunes ; nous n'en avons donc même pas le souvenir. Une femme avait ainsi constaté que, généralement mais pas toujours, si elle consultait un spécialiste très âgé, qu'il s'agisse d'un physiothérapeute, d'un médecin ou d'un pharmacien, elle se sentait automatiquement rassurée et mieux. Les traitements qu'ils lui prescrivaient agissaient presque toujours bien et elle guérissait de façon spectaculaire, parfois même sans les suivre ; ce qui était loin d'être le cas lorsqu'elle rencontrait des thérapeutes plus jeunes, peu importe leurs compétences et la valeur de leurs traitements. Un jour, alors que je donnais une conférence sur l'effet placebo, l'explication de ses réactions m'est soudainement venue. En fait, une association s'était construite dans son enfance entre la guérison et une caractéristique liée au vieil âge. Mais ce n'était pas l'âge, dans son cas, qui avait un effet si positif, c'était plutôt une couleur de cheveux… Voici pourquoi : lorsqu'elle était enfant, la mère de cette femme était très anxieuse face à la maladie. C'était donc souvent dans les bras de sa grand-mère, déjà âgée à l'époque et couronnée de cheveux blancs, qu'elle se retrouvait. En plus d'être très calme et rassurante, sa grand-mère avait une formation d'infirmière. Pour elle, aucun symptôme n'était grave et tout se guérissait. Elle prenait donc soin de l'enfant et la renvoyait à la maison complètement guérie des fièvres, maladies et maux de dents. Devenue adulte, cette femme développa une maladie si grave de l'intestin qu'elle pensa qu'il s'agissait de ses dernières heures. Malgré des mois d'examens, de diagnostics et de traitements de toutes sortes, sa condition continuait de se détériorer. Durant cette période, elle rencontra un chiropraticien qui lui sauva la vie. Deux ans plus tard, elle connut une rechute. Le chiropraticien était malheureusement absent du pays. Elle consulta donc l'un de ses collègues, mais étonnamment, l'intervention de ce dernier aggrava sa condition. Il lui avait pourtant donné le même traitement. Désespérée, elle recommença la saga des médecins jusqu'à ce qu'elle rencontre un naturopathe qui régla son problème de santé définitivement et en quelques jours. Ce fut une guérison rapide que les spécialistes de l'intestin qualifièrent d'inexplicable. En discutant de conditionnement avec elle, la clé de ses guérisons nous est apparue : tout comme sa grand-mère, les deux thérapeutes, le chiropraticien et le naturopathe avaient… les cheveux blancs.

LES CONDITIONNEMENTS NÉFASTES

Il y a quelques années, j'ai mangé un plat comportant une quantité effarante d'oignons crus. Ce soir-là, j'ai réalisé que moi et les oignons ne faisions pas si bon ménage. J'ai été malade toute la nuit, au point de perdre plusieurs kilos. Depuis ce jour, ne me parlez pas d'oignons crus : à cette seule idée, j'ai l'impression que mon estomac se retourne. La même chose se produit pour un collègue qui a fait une indigestion de pommes vertes lorsqu'il était enfant. Il a depuis lors essayé à quelques reprises d'en manger, mais cela lui est impossible : il ne les digère plus. Vous avez peut-être vous-mêmes vécu ce genre d'expérience. Cela signifie que certaines associations peuvent nous conditionner au point où la seule exposition à un objet ou à un événement provoque des effets et des réactions pénibles. On sait aussi que le conditionnement explique souvent les réactions psychologiques et physiologiques de peur. Le stress post-traumatique en est la plus belle démonstration. Une personne qui subit un événement traumatisant va associer celui-ci et les circonstances qui l'entourent à la peur qu'elle a éprouvée au moment où il s'est déroulé. Une femme qui a été heurtée par une camionnette sortant d'une ruelle risque ainsi d'être par la suite systématiquement effrayée dans une situation similaire : quand elle arrivera à proximité d'une ruelle ou verra passer une camionnette près d'elle, son cœur se mettra à palpiter, ses mains trembleront et deviendront moites. Si l'accident avait provoqué d'importantes blessures, il est même possible qu'elle s'évanouisse. La même chose se produit lorsqu'un enfant a été mordu par un chien. Les rencontres ultérieures avec un chien, et peut-être toute sa vie durant s'il ne se défait pas de ce conditionnement, provoqueront chez lui des réactions de peur ou de panique.

De même, les conditionnements liés à la santé et aux soins peuvent être négatifs[37]. Certaines expériences ont pu créer des associations qui empêchent nos mécanismes d'autoguérison d'entrer en action et bloquent le processus de guérison. Le conditionnement explique donc parfois pourquoi une personne ne guérit pas, même avec les meilleurs traitements. Si, par exemple, les médicaments que nous avons reçus lorsque nous étions enfants se sont souvent avérés inefficaces, il est possible qu'une fois adulte notre corps réagisse peu à la prise de médicaments, même lorsqu'ils ont prouvé leur efficacité. Nous guérirons peut-être, mais il nous faudra plusieurs doses ou de nombreux essais. Faire des expériences répétées d'échec pourrait être à l'origine d'un conditionnement à échouer. Certains chercheurs voient en cela une explication du fait que des chirurgies répétées au dos produisent de moins en moins de résultats positifs d'une fois à l'autre. Avec le temps, elles aggravent même souvent la condition de certaines personnes : si le patient a fait une mauvaise expérience lors de la première chirurgie, lui et son corps associeraient automatiquement cette expérience avec un échec. Et si par malheur, la deuxième intervention ne procure guère plus de soulagement, un conditionnement négatif se créerait et la personne aurait ensuite peu de chances de guérir par la chirurgie malgré d'excellentes interventions.

LE SYNDROME DE LA BLOUSE BLANCHE

En plus d'expliquer que certaines guérisons ne surviennent pas, les conditionnements peuvent avoir des effets néfastes et nuisibles sur la santé. Dans les années 1950, on a constaté un phénomène intéressant en étudiant l'hypertension : lorsqu'un médecin entrait dans la salle pour mesurer la tension artérielle, celle de certaines personnes s'élevait systématiquement. On a appelé cette réaction le *syndrome de la blouse blanche*. Sans en être conscientes, ces personnes avaient sûrement fait une association entre médecin, peur et stress. Si bien que la seule présence d'un médecin mettait leur organisme en état d'alerte, activait leur système nerveux et, par conséquent, augmentait leur tension artérielle.

Il arrive que des réactions physiques dues à un conditionnement soient particulièrement fortes. C'était le cas chez une femme qui subissait un choc dit « vagal » chaque fois qu'elle se présentait chez le médecin pour recevoir une injection d'antihistaminique. Ce genre de réaction est habituellement observé chez certaines personnes lorsqu'elles donnent du sang, et s'expliquerait par des différences de nature physiologique. Mais, dans le cas de cette jeune femme, il n'y avait pas de perte de sang. Pourtant, aussitôt que l'aiguille pénétrait sous sa peau et que l'injection commençait, sa tension artérielle chutait violemment et elle s'évanouissait. La première fois que le phénomène s'est produit, son médecin a cru que sa patiente était affaiblie par la fatigue. Lors de la seconde rencontre, il lui administre donc l'injection en s'assurant qu'elle est étendue. Malgré cela, la femme s'évanouit de nouveau. La croyant alors allergique au produit, à la troisième rencontre, le médecin décide de lui injecter un autre produit antihistaminique : encore une fois, elle s'effondre mais cette fois la réaction est si violente qu'il doit l'hospitaliser. D'un commun accord, le médecin et la femme décident donc de remplacer l'injection par une prise de cachets, même si le traitement doit en être grandement prolongé. Ce n'est que bien plus tard, en discutant avec sa mère, que la femme en question comprit d'où lui venait sans doute sa réaction. Alors qu'elle était enfant, ses parents l'avaient conduite chez un pédiatre. Ce dernier avait l'habitude de plaisanter pour faire rire les enfants. Lorsque la petite fille fut dans son cabinet, le médecin procéda à un examen puis dit à la mère qu'il était temps de lui donner un vaccin. Il sortit alors une immense seringue en plastique (un jouet) et fit une affreuse grimace en imitant « un gros méchant monstre » s'approchant de la fillette. Celle-ci s'était aussitôt mise à hurler et elles avaient dû se mettre à deux, sa mère et l'infirmière, pour l'immobiliser et la vacciner. Lorsqu'elle reçut finalement l'injection, l'enfant s'est évanouie de peur en croyant qu'on faisait effectivement pénétrer l'immense aiguille dans son bras.

Les conséquences de certains conditionnements sont parfois surprenantes. En voici un autre exemple : un garçonnet de deux ans est amené d'urgence à l'hôpital car sa fièvre ne cesse d'augmenter malgré la prise d'analgésique. Le médecin de garde donne alors à l'enfant un fort médicament dilué dans un liquide blanc, à boire.

Mais aussitôt le remède avalé, le petit garçon commence à souffrir de convulsions : il fait une réaction allergique. De justesse, on sauve l'enfant, il doit cependant être gardé sous observation pendant plusieurs jours. Trente ans plus tard, ce même individu se rend dans une clinique pour une pneumonie. Le médecin lui prescrit alors un médicament connu pour être vraiment efficace dans sa condition. Lorsqu'il arrive chez lui, l'homme constate que ce médicament est prescrit sous forme liquide, un liquide blanc. Il hésite, se rappelant le fâcheux incident de son enfance, puis se raisonne et avale finalement le remède. Quelques minutes plus tard, ses lèvres commencent à gonfler et il se sent étouffer. Il doit avaler un antihistaminique pour enrayer les symptômes. Du fait de l'association enregistrée par sa mémoire, une réaction allergique venait de se reproduire alors qu'il ne s'agissait pas du même médicament.

Le mécanisme de conditionnement explique donc que certains effets dits nocebos se manifestent malgré les attentes positives des malades. Une personne qui essaie un nouveau médicament en capsule rouge par exemple, pourrait réagir par l'apparition de nouveaux symptômes du seul fait de la couleur rouge. Ce serait la raison pour laquelle la rencontre avec certains thérapeutes provoque parfois une aggravation de la maladie plutôt que sa guérison. Les conditionnements détermineraient souvent ce qui est bon pour une personne et non pour une autre. Et, parce qu'ils se situent presque au niveau du réflexe, les conditionnements prévaudraient sur les attentes. C'est pourquoi, dans certains cas, même les personnes les plus optimistes n'arriveraient pas à guérir. Des études sur la douleur ont d'ailleurs permis de confirmer que les conditionnements d'un individu peuvent effectivement avoir des effets inverses à ses attentes. En fait, les expériences vécues sont plus fortement ancrées dans la mémoire que les attentes exprimées. Le corps a des souvenirs que des informations ultérieures ne parviennent pas à effacer ou à remplacer. Dans l'une de ses conférences, le Dr Chopra racontait une histoire qui illustre très bien ceci : un jeune héroïnomane décide de suivre une cure de désintoxication. Après celle-ci, enfin libéré de sa dépendance, il entreprend des études de droit. À sa sortie de l'université, il devient avocat. De nombreuses années plus tard, alors qu'il se rend au travail un matin, sa voiture tombe en panne. Il se voit donc obligé de prendre le métro, un transport qu'il n'utilisait plus depuis qu'il avait changé de vie, mais qu'il avait beaucoup utilisé par le passé. Une fois dans le métro, il se trouve pris d'une envie folle d'héroïne. Son corps s'active, il ressent tous les symptômes de manque et doit sortir du métro en trombe et s'enfuir chez lui en courant pour résister à la tentation de se procurer de l'héroïne. Bien que cet homme ne consommait plus depuis des années, le simple fait d'entrer dans le métro a ravivé la mémoire de son corps et provoqué la réapparition de symptômes physiques et psychologiques de manque. Les conditionnements ont donc des effets insoupçonnés et peuvent faire toute la différence en déjouant les facteurs connus de prédiction de la guérison.

LES CHAÎNONS MANQUANTS

Jusqu'à ce jour, les scientifiques ont réussi à établir que des facteurs d'ordre psychologique jouent un rôle déterminant dans le processus de guérison. À eux seuls, ces facteurs peuvent stimuler le potentiel d'autoguérison d'une personne et permettre ainsi à son corps de soigner lui-même les symptômes dont elle souffre. Nous savons quelles sont les conditions idéales pour y parvenir : des attentes, une attitude et des émotions positives, un contexte de soins rassurant, et de la confiance dans le thérapeute et le traitement. Les spécialistes de l'effet placebo ont compris que les conditionnements contribuent à la guérison des personnes malades. De plus, ils savent que ceux-ci expliquent certaines guérisons étonnantes et morts inattendues. L'étude des conditionnements montre à quel point il est important que des rituels soient mis en place pour favoriser la guérison. Les rituels associés à la guérison durant l'enfance sont particulièrement efficaces ; ils méritent donc d'être répétés. Selon toute vraisemblance, le rituel qui consiste à consulter un thérapeute enclenche la guérison dans la plupart des cas. Il est aussi très efficace de suivre des traitements qui nous ont déjà réussi par le passé. Mais le plus important, somme toute, est que l'utilisation du conditionnement apparaisse comme une avenue prometteuse pour l'avenir. Le conditionnement pourrait être utilisé comme outil clinique, ainsi qu'il l'est déjà dans le domaine de la recherche, afin de déclencher des réactions physiologiques appropriées pour lutter contre la maladie. Une personne pourrait ainsi apprendre à augmenter sa résistance immunitaire, à faire varier son taux de glucose sanguin ou à sécréter des hormones spécifiques.

Les connaissances accumulées à ce jour ne permettent cependant pas encore de tout expliquer. Les attentes positives, les émotions qui en découlent, et les conditionnements sont responsables de nombreuses guérisons mais ne les expliquent pas toutes, loin de là. De nombreuses questions demeurent sans réponse. Qu'en est-il, par exemple, des gens qui n'arrivent pas à combattre la maladie alors qu'ils répondent à tous les critères permettant de prédire une guérison? Ils ont envie de vivre, croient vraiment dans leurs chances de guérir, ont un thérapeute qu'ils apprécient, reçoivent un traitement connu pour être efficace, sont conditionnés à guérir car ils ont toujours été soignés avec succès par le passé, enfin, réagissent habituellement bien aux médicaments et aux traitements proposés. Et comment expliquer que des personnes qui se sentent désespérées et dont le traitement n'a rien donné, voient leur maladie disparaître du jour au lendemain, comme par miracle? Finalement, comment est-il possible qu'un individu résigné à souffrir, voire à mourir, guérisse spontanément sans aucun traitement ni rituel habituellement associé à la guérison? Quels autres facteurs sont en jeu dans le déclenchement des mécanismes d'autoguérison de l'être humain? Après avoir recensé et lu des centaines d'études scientifiques, interrogé des spécialistes, écouté des témoignages et consulté des ouvrages faisant référence à des personnes dites «miraculées», j'en suis venue à la conclusion que *d'autres phénomènes de grande importance peuvent nous fournir des réponses: des chaînons manquants* qui, selon toute vraisemblance, ont des pouvoirs encore insoupçonnés.

5
L'intention qui guérit

La pensée a créé tout ce qui existe. La pensée crée également le monde meilleur que ton cœur souhaite ardemment.

K. O. Schmidt

L'INTENTION BIENVEILLANTE

Lorsqu'un thérapeute nous regarde droit dans les yeux et que nous ressentons son désir de nous aider, même si nous sommes découragés et sans espoir, quelque chose se produit parfois : ce thérapeute peut réussir là où d'autres ont échoué. Sa seule présence, son intention, semble permettre à nos mécanismes d'autoguérison d'entrer en action. Cela se passe comme si l'intention de cette personne, son amour, traversaient notre corps et avaient le pouvoir d'y agir.

Prétendre que les intentions bienveillantes d'une personne envers une autre puisse aider celle-ci est loin d'être ridicule si l'on consulte la littérature scientifique dans divers domaines. Les intentions d'une personne auraient effectivement le pouvoir de produire un effet physique sur d'autres personnes, les plantes, et même les objets. Les découvertes en psychophysiologie et en médecine de la santé exposées par les Drs Dossey, Chopra et Siegel ont par exemple démontré que lorsqu'une personne sent qu'on veut l'aider, ou quand elle se sent aimée, son corps réagit : il sécrète des hormones impliquées dans le processus de guérison, le système immunitaire se renforce, le taux de cholestérol sanguin diminue et certains neurotransmetteurs tels que la sérotonine, impliqués dans divers troubles physiques et mentaux, sont produits en abondance. Cela explique en partie pourquoi la présence d'un médecin chaleureux et d'un entourage aimant favorise la guérison des malades. Le Dr Dossey a publié des livres et articles décrivant les effets positifs de l'amour dégagé par un thérapeute sur la santé de ses patients.

Il y relate plusieurs cas de guérison attribuables aux intentions bienveillantes et à l'amour des membres de l'entourage de personnes malades. Des études sur le coma vont dans le même sens. Au cours de l'une d'entre elles, on a demandé à du personnel d'une unité hospitalière de toucher et de parler avec tendresse à 16 des 30 personnes qui se trouvaient dans le coma. Le résultat a été plus spectaculaire qu'escompté : ces 16 personnes ont fini par se réveiller et guérir. Par contre, seulement 3 des 14 personnes qui n'avaient pas été traitées de la sorte se sont réveillées ; les autres se sont éteintes.

CEUX QUE L'ON APPELLE DES « GUÉRISSEURS »

Nous sommes dans un laboratoire de recherche en Californie. Une personne reconnue pour être capable de guérir les gens simplement par son intention, sans qu'intervienne de contact physique ni de traitement, se porte volontaire pour une expérimentation. Pour les fins de celle-ci, le laboratoire est divisé en deux : d'un côté se trouvent les participants qui s'assoient tour à tour près d'une vitre à travers laquelle ils ne peuvent voir. Une fois qu'ils sont installés, l'expérimentateur procède à une légère incision sur leur bras. Les participants reçoivent ensuite l'instruction de demeurer assis en silence durant quelques minutes. Aucun d'entre eux ne sait quel est l'objectif de l'étude. De l'autre côté de la vitre, dans la seconde partie du laboratoire, se trouve le guérisseur. Contrairement aux participants, il peut voir à travers la vitre. Il aperçoit ainsi la personne et la blessure infligée. En fait, s'il n'y avait pas de vitre les séparant, il pourrait toucher la personne participante tellement elle est proche. Une fois sur deux, on demande au guérisseur de se concentrer sur la blessure du participant avec l'intention de la guérir. Pour ce faire, le guérisseur approche parfois ses mains de la vitre en les dirigeant vers le bras blessé. Après cette expérimentation les données sont analysées et ne font aucun doute : les participants sur lesquels le guérisseur s'est concentré ont vu leur blessure se refermer et cicatriser plus rapidement que ceux qui n'ont pas fait l'objet de son intention de guérir.

Ce type d'expérimentation est de plus en plus courant et les résultats vont tous dans le même sens. L'intention d'une personne peut agir sur le corps d'une autre personne. Ainsi, un individu peut stimuler le système nerveux ou immunitaire de quelqu'un d'autre, simplement en le désirant. Certains sont particulièrement doués, ceux que l'on appelle des guérisseurs. Leur désir d'aider, de soigner une personne malade leur permet de faire disparaître les symptômes, de guérir la maladie de cette personne. C'est assurément ce don que possèdent, sans le savoir, certains thérapeutes dont des patients semblent guérir comme par miracle.

L'AMOUR PROTECTEUR

En assistant à une conférence du Dr Kirsch, un pionnier dans l'étude des effets placebos, j'ai eu l'occasion d'entendre plusieurs anecdotes étonnantes rapportées par des scientifiques. L'une d'entre elles était particulièrement touchante et illustre bien le pouvoir que nous avons d'influencer le corps d'autres êtres vivants par nos intentions et notre amour. Il s'agit d'une histoire relative à des rats servant de cobayes dans le cadre d'une expérimentation sur le développement des cellules cancéreuses. Le protocole de recherche voulait que les rats reçoivent régulièrement des injections de substances toxiques et potentiellement cancérigènes. Pour une simple raison de commodité, les rats étaient répartis également dans deux cages disposées dans des pièces différentes mais connexes. Après plusieurs semaines de tests, les expérimentateurs ont été confrontés à un problème qu'ils ne parvenaient pas à expliquer : pour une raison que personne ne comprenait, seuls les rats de l'une des cages développaient des tumeurs ; les autres n'étaient pas affectés et demeuraient en grande forme. L'énigme a persisté jusqu'au jour où l'un des chercheurs est demeuré au laboratoire suffisamment tard le soir pour assister à l'entretien des cages. Il a alors constaté que les cages étaient entretenues par deux préposés différents. La cage dans laquelle les rats développaient des tumeurs était nettoyée par un préposé qui se contentait d'en vider rapidement les déchets et de changer les récipients d'eau et de nourriture. L'autre préposé, celui qui s'occupait de la cage où logeaient les rats ne présentant pas de tumeurs, procédait d'une tout autre façon : après avoir ouvert la cage, il sortait un rat, le prenait dans ses bras et le caressait en lui parlant tendrement et en s'adressant à lui par un nom qu'il lui avait donné. Il agissait ainsi avec chaque rat. Puis, et seulement alors, il quittait le laboratoire. Le mystère était élucidé : l'amour de cet homme réussissait à rendre ces êtres résistants et leur permettait de combattre les substances toxiques qui auraient dû les rendre très malades, voire les tuer.

Dans le même ordre d'idées, il a été observé que les intentions d'une personne et l'amour qu'elle dégage, ont des conséquences sur les plantes. Lorsque celles-ci sont entretenues par des personnes attentionnées, délicates et qui ressentent vraiment de l'affection pour elles, elles ont des réactions bioélectriques différentes et poussent plus rapidement. C'est peut-être le fameux secret de ceux dont on dit qu'ils ont le « pouce vert » : ils sont animés d'un profond désir que les plantes se portent bien, ils les aiment, et celles-ci semblent ressentir cet amour. Mieux encore, les études en laboratoire ont permis de prouver qu'une personne peut empêcher des poisons d'agir sur des plantes simplement en se concentrant sur celles-ci avec l'intention de les aider, de les protéger[38].

LES PRIÈRES EXAUCÉES

Je racontais précédemment comment le Dr Siegel a constaté que les gens désirant vivre sont ceux qui survivent le plus souvent au cancer. En fait, ils en ont l'intention, ils y croient et ont la foi que survivre est possible. On sait depuis bon nombre d'années que les personnes qui ont la foi et qui prient lorsqu'elles sont malades guérissent mieux, plus souvent, et vivent en moyenne de 10 à 20 ans de plus que les autres. Les effets directs de la prière ont d'ailleurs été mesurés en laboratoire et ont permis de constater que cet acte intérieur, cet acte de foi, stimule les fonctions physiologiques de ceux qui le pratiquent. La prière permet entre autres d'activer la sécrétion d'hormones et de neurotransmetteurs, de renforcer les défenses immunitaires et de se libérer du stress. Ces effets ont été enregistrés chez des moines et des religieux au cours de leurs sessions de prière. Les mêmes effets ont été observés chez des laïques, des personnes qui avaient appris à prier régulièrement ou qui pratiquaient la prière au cours de périodes particulièrement difficiles de leur vie. Les bienfaits de la prière n'étaient pas fonction d'une religion particulière. C'étaient les sentiments de foi et de communion ressentis par les individus qui importaient. Il est évidemment possible que les effets bénéfiques de la prière soient attribuables à des émotions positives résultant d'attentes élevées de guérison. Mais la prière a d'autres effets que l'on ne peut expliquer aussi simplement. D'autant que les prières effectuées par la personne malade ne sont pas les seules à avoir un effet sur sa physiologie. Les intentions bienveillantes d'autres personnes, formulées sous forme de prières et de demandes à une puissance supérieure, ont un pouvoir similaire. Un cardiologue de San Francisco, le Dr Byrd[39], a été l'un des premiers, dans les années 1980, à analyser scientifiquement l'impact possible de la prière de certains individus sur la santé de personnes malades. Pour mesurer cet impact, le médecin a choisi 400 patients ayant été hospitalisés après avoir souffert d'attaques cardiaques. Il les a ensuite répartis en deux groupes : un groupe expérimental et un groupe contrôle. Puis il a demandé à des personnes de l'extérieur de l'hôpital, qui n'avaient pas de lien avec les malades, de prier pour chacun des 200 patients du groupe expérimental. Afin d'être certain de ne pas influencer les patients et le personnel soignant, il s'est assuré que l'expérimentation se déroule en double-aveugle. Personne dans l'hôpital ne savait donc pour qui on priait ou ne priait pas, ni les infirmiers, ni les médecins, ni les patients eux-mêmes. Les gens qui priaient n'étaient pas non plus en contact direct avec les patients. Les résultats ont surpris les membres de la communauté médicale : les patients pour lesquels des personnes avaient prié ont récupéré beaucoup mieux que les autres. Les demandes de ceux qui avaient prié semblaient s'être matérialisées concrètement par des changements physiologiques chez les patients. Depuis lors, des centaines d'études sur les effets de la prière ont été conduites et elles continuent de susciter bon nombre de réactions chez les scientifiques. Certains chercheurs sont ravis car ces résultats renforcent leurs convictions, mais d'autres sont sceptiques car ils ébranlent les leurs. On essaie de trouver des failles aux études, et on en trouve parfois, mais pas plus que dans d'autres genres d'études. Il n'en demeure pas moins que nombre de recherches n'ont rien à se reprocher : leur méthodologie est impeccable et leurs résultats non discutables. Ces études prouvent scientifiquement que la prière d'une personne peut agir à distance sur la physiologie et la santé d'une autre.

QUAND LES PENSÉES SE MATÉRIALISENT

Il est un domaine dans lequel les influences que les individus ont les uns sur les autres sont de plus en plus étudiées : celui de la télépathie[40]. Le neurologiste B. E. Schwartz s'est beaucoup intéressé aux phénomènes dits de *télésomatique*. Il s'agit des émissions télépathiques (télé) d'une personne qui sont ressenties par le corps (soma) d'une autre. Ce spécialiste décrit plusieurs cas, tel celui d'une mère qui écrivait à sa fille étudiante dans un collège éloigné. Alors qu'elle rédigeait une lettre, la main de la mère s'est mise à brûler au point qu'elle a dû cesser d'écrire. Quelques minutes plus tard, elle reçut un appel téléphonique du collège l'informant que sa fille venait de se brûler à la main avec de l'acide du fait d'un accident de laboratoire. Lors de recherches entreprises sur le sujet, voilà de nombreuses années, des chercheurs russes ont reproduit et provoqué de tels phénomènes de télésomatique en laboratoire. Dans ce cadre, ils ont souvent procédé à des expérimentations impliquant des personnes d'une même famille : un adolescent et sa mère par exemple. Ils les installaient dans des pièces différentes et isolées l'une de l'autre, puis ils soumettaient l'adolescent à un examen de mathématiques intense. En même temps, ils demandaient à la mère de simplement se détendre. Ils prenaient ensuite des mesures physiologiques d'activité du système nerveux autonome et d'activité cérébrale chez les deux participants. Ils ont alors constaté que l'activité cérébrale de l'un pouvait affecter celle de l'autre. Dans le cas cité, bien que la mère ait été placée dans un contexte de détente, son cerveau s'est activé en synchronisme avec celui de son fils. En fait, l'activité cérébrale de la mère est devenue aussi intense que si elle-même avait passé un examen de mathématiques.

Dans le cas de phénomènes télésomatiques, les effets que les pensées et les sensations d'une personne peuvent avoir sur le corps d'une autre sont rarement intentionnels. Cela dit, les recherches indiquent qu'il est possible de provoquer de tels effets de façon intentionnelle. Une personne peut ainsi provoquer presque instantanément des changements physiologiques chez une autre personne, sur demande. Pour y arriver, il suffit qu'un individu se concentre sur une autre personne placée, soit près de lui, soit dans une autre pièce, en désirant influencer son corps. Les résultats de ce genre d'études sont très intéressants : plusieurs personnes sont effectivement capables d'augmenter ou de diminuer le niveau d'activité physiologique de la personne sur laquelle elles se concentrent. Elles peuvent ainsi faire accélérer ou décélérer son rythme cardiaque et modifier la température de son corps. Cela revient à dire qu'elles ont le pouvoir de mettre en état de stress ou de calmer le corps d'une autre personne à distance. Dans le même ordre d'idées, on a observé qu'une personne peut suffisamment influencer à distance la physiologie d'une autre pour garder celle-ci éveillée au moment où elle tente de s'endormir. Les données enregistrées au cours des recherches menées sur les phénomènes télépathiques vont dans le même sens que celles qui ont été obtenues au sujet de la prière. Ces constatations sont des plus importantes car elles prouvent que des individus peuvent agir intentionnellement et de façon très spécifique sur le corps et la santé d'autres personnes, et ce, sans même toucher celles-ci.

Notre pouvoir de matérialiser nos désirs intrigue de plus en plus les scientifiques et certaines études avant-gardistes tendent à indiquer qu'il est bel et bien réel mais mal connu et peu exploité.

6
La conscience d'unité

J'étais là, éblouie par la beauté du paysage quand,
tout à coup, un ange a chuchoté à mon oreille
« Tout va bien maintenant ».

Voilà quelques années, j'écoutais le témoignage d'une femme miraculeusement guérie d'un cancer en phase terminale. Elle racontait comment, se sachant condamnée, elle décida de partir seule quelques semaines pour communier avec la nature : le deuxième matin, alors qu'elle campe au sommet d'une montagne, elle se réveille dans un état de béatitude et de paix intérieure qu'elle ne connaît pas. Elle sort de sa tente et admire le paysage comme jamais elle ne l'a fait auparavant dans sa vie. Tout lui semble illuminé, tout lui paraît magnifique. Elle se sent remplie par la grâce. Pendant plusieurs minutes, elle a l'impression que son corps ne fait qu'un avec les arbres, le soleil, la terre. Un grand calme s'installe en elle et, à cet instant précis, elle a la conviction profonde qu'elle va guérir, qu'elle survivra à la maladie. En fait, à partir de ce moment-là, elle est certaine qu'elle est déjà guérie. Quelque temps après, la femme se présente à l'hôpital pour de nouveaux examens. Le miracle s'est produit : rien, il n'y a plus rien sur les radiographies ; plus de tumeurs, plus de cancer. Elle est complètement guérie. Dans son dossier on inscrit « cas de rémission spontanée », comme on l'a déjà fait pour beaucoup d'autres.

Le cas de cette femme contredit ce que les données scientifiques permettent à ce jour d'affirmer. Bien sûr, il a été démontré qu'un grand nombre de gens peuvent guérir de toutes sortes de maladies, aiguës ou chroniques, mais pour cela, des conditions bien particulières sont nécessaires : avoir une grande confiance dans le traitement conseillé, croire que la guérison est possible, avoir été soigné avec succès par le passé. Or, cette femme n'avait plus d'attentes, elle s'était résignée à mourir. De plus, l'historique de sa maladie ne laissait rien présager de bon car elle avait toujours mal toléré les traitements médicaux. Sa guérison aurait aussi pu s'expliquer par une relation exceptionnelle avec son thérapeute ou par l'attitude et les attentes de celui-ci, mais son médecin considérait qu'elle était incurable. Il ne lui prodiguait plus de soins et lui recommandait de mettre de l'ordre dans ses affaires personnelles. Que s'est-il donc produit ?

De nombreux témoignages de personnes qui ont connu des guérisons considérées comme miraculeuses par les spécialistes rapportent, tout comme cette femme, avoir vécu des expériences de transe, de sentiment d'unité. Lorsque l'on consulte les recherches sur les états de conscience altérée, de tels témoignages paraissent moins surprenants.

LES VERTUS THÉRAPEUTIQUES DE LA MÉDITATION

Dans un état de conscience altérée des modifications physiologiques étonnantes se produisent. Il arrive que ces modifications évitent l'apparition de symptômes, rendent les personnes plus résistantes à la maladie, et même enclenchent un processus rapide de guérison. Ce phénomène a été observé à maintes reprises au cours de diverses recherches. Pour cette raison, beaucoup de données sont disponibles, entre autres sur les effets de la méditation.

Les grands sages de l'Orient prônent depuis des siècles la pratique de la méditation. On dit qu'elle a le pouvoir d'amener l'être à un état de paix intérieure, de transcendance qui permet précisément de dépasser les lois physiques. De nombreuses études ont été effectuées par des physiologistes, des neuropsychologues et des psychophysiologistes afin d'évaluer les effets de différentes techniques de méditation sur le corps et la santé des individus. La méditation transcendantale, une technique millénaire issue de la connaissance védique du peuple hindou, est l'une des plus étudiées. Lorsque l'on place des électrodes sur le corps d'une personne pendant qu'elle pratique cette forme de méditation, que cette personne soit profane ou non, on enregistre aussitôt diverses modifications dans son organisme[41]. Par exemple, son activité cérébrale change de sorte qu'il se fait une meilleure circulation sanguine et une augmentation d'émission d'ondes alpha ; on dit que l'activité est plus « synchronisée ». De même, une baisse du rythme cardiaque et de la tension artérielle s'observent. À long terme, l'état de conscience dite de transcendance, produit par la pratique régulière de la méditation transcendantale, est associé à des modifications physiologiques importantes : les capacités mnémonique, auditive et respiratoire sont augmentées, le taux de cholestérol sanguin diminue, le système cardiovasculaire est plus efficace et résistant. Baigner régulièrement dans cet état de conscience produit une réduction des problèmes d'hypertension et cardiovasculaires tels que l'angine, en plus de renforcer le système immunitaire. Les gens qui pratiquent cette technique, et d'autres formes de méditation, ont une plus grande résistance aux maladies aiguës et chroniques. De plus, ils guérissent mieux et plus rapidement lorsqu'ils sont affectés, qu'il s'agisse de rhumes ou de cancers. Jusqu'à ce jour, les données accumulées indiquent qu'ils vivraient aussi plus longtemps. Les états de conscience méditatifs permettent aussi d'accomplir des performances physiques particulières. Plusieurs adeptes de la méditation, sans même en être conscients, suspendent ainsi leur respiration pendant la pratique de sorte qu'ils ne respirent qu'une fois par minute ou deux. De même, en dehors de la période de méditation, des méditants aguerris sont capables d'accélérer et de décélérer leur rythme cardiaque sur demande, le faisant ainsi varier de quelques battements à 300 battements par minute.

LE CAS DE L'HYPNOSE

C'est l'étude scientifique de l'hypnose qui fournit le plus de données sur les prodiges rendus possibles par les états de conscience altérée. L'état de transe hypnotique permet en effet à la personne d'agir sur sa physiologie de façon spectaculaire. Vous avez peut-être déjà été témoin de séances d'hypnose au cours desquelles l'hypnotiseur plante une aiguille dans la main de son sujet jusqu'à ce qu'elle la traverse de part en part, sans que le sujet ressente de douleur. J'ai moi-même assisté à ce genre de démonstration conduite par un professeur d'université, chercheur spécialisé dans le domaine. Il est très impressionnant d'observer ainsi une personne se faire transpercer la peau en gardant le sourire parce que son esprit est convaincu qu'elle est ailleurs, au bord de la mer, en train de bronzer sur une plage.

L'anesthésie complète produite par l'état de transe hypnotique est bien connue. Certaines personnes intolérantes aux anesthésiques demandent de plus en plus fréquemment de subir leur intervention sous hypnose. En Europe, il existe d'ailleurs une clinique où l'on propose systématiquement l'hypnose comme type d'anesthésie pour des chirurgies tant mineures que majeures, telle l'ablation d'une tumeur. Un grand nombre de patients y sont opérés avec succès chaque année. Ces observations sont importantes. Elles impliquent en effet que, dans un état de conscience altérée, le corps peut produire sur demande des analgésiques capables de bloquer les sensations de douleur de façon naturelle et à une vitesse instantanée, ce que bien des médicaments pourraient lui envier.

Certains chercheurs[42] s'intéressent particulièrement aux effets de la transe hypnotique sur les problèmes d'allergies et les réactions qui y sont liées: éternuements, rougeurs, inflammation de la peau et asthme. Des expériences cliniques ont prouvé qu'il est tout à fait possible de créer une allergie temporaire chez une personne qui n'en souffre habituellement pas, simplement en lui suggérant cette intolérance par l'hypnose. Il suffit par exemple de lui dire qu'elle est allergique au jus d'orange puis de lui en faire ingurgiter. Aussitôt la boisson avalée, des rougeurs apparaissent sur la peau de cette personne. De même, il est possible d'inverser le processus, c'est-à-dire de faire disparaître une allergie. La personne en état de transe hypnotique peut alors être en contact avec le produit sans développer aucune réaction allergique. Encore là, il s'agit d'un fait important car il indique qu'en à peine quelques secondes une personne a la capacité d'activer et de désactiver les réactions de son système immunitaire et d'être exposée sans problème à des substances qui, dans une autre situation, pourraient la tuer. Dans cet état de conscience altérée, l'individu semble avoir plein contrôle sur ses systèmes immunitaire, nerveux, respiratoire et cardio-vasculaire. Sous hypnose, un lien direct s'établit donc entre l'esprit d'un individu et son corps. Ce qui paraît encore impossible à la science médicale et inexplicable selon nos connaissances actuelles, devient alors réalisable.

ENTENDRE SOUS ANESTHÉSIE GÉNÉRALE

Un autre état de conscience altérée fournissant de belles démonstrations de la capacité des êtres humains à agir directement sur leur corps, est celui produit par l'anesthésie générale. On a d'abord prétendu que les personnes anesthésiées ne pouvaient ni entendre, ni percevoir quoi que ce soit dans l'environnement. On les croyait totalement inconscientes. Il est pourtant bien loin le temps où l'on se moquait des premiers chirurgiens qui s'adressaient à leurs patients endormis pendant l'intervention. On s'est en effet aperçus que ces chirurgiens obtenaient beaucoup de succès avec leurs patients. Nous savons aujourd'hui qu'il est possible de suggérer à des personnes sous anesthésie de faire varier certaines de leurs fonctions physiologiques pendant la chirurgie : augmenter ou diminuer leur rythme cardiaque, leur température et leur tension artérielle, par exemple ; des exploits que ces personnes n'arrivent pourtant pas à accomplir lorsqu'elles sont éveillées.

Des chercheurs[43] qui se sont intéressés de plus près au phénomène ont voulu savoir s'il était possible de réduire les effets postopératoires négatifs d'une intervention chirurgicale à l'aide de conseils donnés pendant celle-ci. Les patients portaient des écouteurs et recevaient des instructions à l'aide d'un magnétophone alors qu'ils étaient sous anesthésie générale. Les résultats ont été des plus concluants : l'anxiété postopératoire, la douleur et le nombre de médicaments requis pour le rétablissement étaient tous moindres chez les personnes ayant reçu des conseils comparativement aux autres.

ÉTATS DE TRANSE ET GUÉRISONS SPONTANÉES

Des scientifiques étudient depuis quelques années les variations physiologiques associées aux états de transe que provoquent les sessions de prière ou de médiumnité. Au cours de cérémonies religieuses et de prières intenses, ils relient des personnes qui sont en état de transe à des appareils permettant de mesurer certaines de leurs réactions physiologiques. Ils ont ainsi constaté que ces personnes subissent des modifications importantes sur les plans de la respiration, du rythme cardiaque et de la température corporelle. Plus important encore, lorsque l'on inflige de légères coupures à ces personnes pendant l'état de transe, les plaies guérissent très rapidement, parfois même sous les yeux des expérimentateurs, comme si les mécanismes d'autoguérison étaient particulièrement actifs et puissants dans cet état. Il semble même que la transe puisse protéger le corps d'une personne de facteurs qui lui seraient normalement dommageables. En effet, on constate, par exemple, que les yeux des individus en état de transe ne sont pas lésés par la lumière directe du soleil.

Des états de transe, de conscience altérée peuvent se produire spontanément. Lorsqu'ils créent, les artistes expérimentent fréquemment ces états au cours desquels le temps paraît s'arrêter, leurs douleurs corporelles n'existent plus et la faim ne les tiraille pas malgré les heures qui passent. Combien de gens écrivent, peignent, dessinent, composent de la musique des heures durant sans pour autant ressentir de fatigue — mieux encore, ils se sentent régénérés.

Le contact avec la nature est aussi à la source d'états seconds très particuliers. Les hommes qui autrefois vivaient beaucoup plus près de la nature faisaient régulièrement l'expérience d'être en parfaite harmonie avec eux-mêmes et la vie. Ils étaient beaucoup plus près de leur corps et à l'écoute des messages que celui-ci leur adressait. Les Amérindiens pressentaient le moment du grand départ et s'éloignaient seuls dans la forêt pour attendre paisiblement la mort. Dans le monde d'aujourd'hui, nous nous sentons souvent dépassés par les événements et le rythme effréné de nos sociétés modernes. Il suffit pourtant parfois de se retirer quelques minutes ou quelques heures, de s'asseoir seul, en silence, au sommet d'une montagne ou à l'avant d'un voilier voguant sur la mer, pour retrouver le calme. En contemplant l'immensité, la beauté, les œuvres de la création, nous sommes envahis d'un profond sentiment de bien-être et de paix. Soudain, durant quelques instants, et parfois pendant des jours entiers, nous avons la certitude que nous ne prendrons pas de mauvaises décisions, que nous ne ferons pas de mauvais choix, qu'il n'y a plus de danger, et que peu importe le dénouement des choses, tout se passera bien. Un état de grâce nous habite, et jusqu'au plus profond de notre être, jusqu'au cœur de nous-mêmes, nous avons le sentiment que nous sommes sans limites, immortels.

Des gens prétendent que la maladie est souvent là pour nous rappeler que nous sommes coupés de nous-mêmes, de notre être divin lui-même lié à Dieu, peu importe la forme que celui-ci prend dans notre esprit. C'est ce lien que la maladie nous inviterait à retrouver. Il arrive que le contact avec la nature permette de le rétablir. D'autres fois, des changements sont nécessaires : il nous faut apprendre à vivre autrement. Le Dr Siegel écrit que 90 % des individus qui guérissent de maladies sérieuses ont connu des moments importants de leur vie durant les périodes où ils ont guéri. Ils se sont mis à vivre vraiment. Ils ont vécu l'événement comme un nouveau départ[44]. De nombreuses personnes guéries témoignent du fait qu'elles ont lâché prise, qu'elles se sont abandonnées. Pour y arriver, elles ont décidé de se libérer de leurs conflits intérieurs, de les résoudre un à un. Elles ont ainsi accédé à un état de quiétude et de paix intérieure. Cela a probablement suscité des états de conscience supérieurs permettant à leur corps de résorber les tumeurs, de réparer les organes défectueux et de retrouver la santé.

Toutes les données indiquent que lorsque nous sommes dans un état de conscience altérée, que ce soit grâce à la pratique de la méditation, du fait d'une transe ou du lien retrouvé avec la vie ou Dieu, nos facultés sont amplifiées. Nous avons alors la capacité d'agir sur notre corps de façon insoupçonnée. Il semble que nous devenions ainsi capables de modifier le fonctionnement de notre organisme et d'enclencher les mécanismes d'autoguérison sur demande. Pour la plupart d'entre nous, ces actions ne sont pas réalisables durant l'état de veille car dans cet état notre pensée rationnelle prend le dessus. Ce que nous avons appris depuis notre naissance sur le corps, la maladie, la guérison, ce que les spécialistes affirment, forme un carcan qui nous enferme et nous empêche d'exprimer notre potentiel dans toute son ampleur. Nous avons ainsi bien intégré qu'un rhume ne peut disparaître en quelques minutes, que les allergies sont dangereuses, que le cancer tue. Notre cerveau a aussi enregistré que des médicaments sont nécessaires pour anesthésier un membre et stopper une réaction allergique. Nous sommes comme ces poissons élevés dans un grand aquarium au centre duquel une vitre a été placée, qui les empêche d'utiliser tout l'espace. Au bout d'un certain temps, même si l'on enlève la vitre, ils demeurent confinés dans la partie de l'espace qu'ils connaissent, et ils y resteront jusqu'à leur mort ; jamais plus ils ne s'aventureront de l'autre côté, car ils ont appris que leurs limites s'arrêtaient là. Il en est de même pour les éléphants que l'on élève en les attachant à une petite corde : une fois devenus grands et forts, jamais ils ne s'échappent, convaincus qu'ils en sont empêchés par cette mince corde. Comme le prétendait le très avant-gardiste Dr Murphy[45], le subconscient reçoit les ordres que nous lui donnons en se fondant sur ce que notre esprit conscient croit et accepte comme vrai ; ensuite, il agit en fonction de ces ordres, de ces limites. Heureusement, les états de conscience altérée permettent de passer au-delà des limites que le cerveau a enregistrées et qu'il tient pour véridiques. Dès lors, chacun d'entre nous peut avoir accès à cette intelligence infinie afin de modifier son état corporel et utiliser le fantastique potentiel d'autoguérison dont il est doté.

« RÉSONNER » AVEC L'AUTRE

L'ultime secret de la guérison réside peut-être dans ces états de conscience particuliers que notre cerveau, notre être tout entier même, ont la capacité d'expérimenter, parfois de façon contrôlée, parfois spontanément. Peu importe le chemin que nous empruntons pour y parvenir, nous nous retrouvons alors dans un espace où tout semble possible. De nombreuses personnes décrivent leurs expériences de transe, de méditation, de création, ou simplement de «lâcher prise», comme une sensation de ne faire qu'un avec tout ce qui les entoure ; une expérience que les grands maîtres spirituels nomment la *conscience d'unité*. Beaucoup de scientifiques pensent que les enfants naîtraient avec cette conscience d'unité. Ceux-ci percevraient le lien qui existerait entre toutes les composantes de l'univers : les vies animale, minérale et végétale. La plupart d'entre nous perdraient cependant cette conscience en vieillissant. Certaines personnes garderaient tout de même une prédisposition à y accéder, tandis que d'autres la développeraient grâce à la pratique de techniques ou d'activités suscitant des états de conscience altérée. Parmi les personnes très sensibles à l'hypnose, un certain nombre sont prédisposées à vivre plus d'expériences de transe et de conscience d'unité que les autres. Sous hypnose, ces personnes décrivent bien la sensation qu'elles ont d'être en même temps en elles-mêmes et partout à la fois, d'être dans leur corps et dans la chaise, le mur, les gens qui se trouvent devant elles. Beaucoup de miraculés affirment avoir éprouvé, juste avant de guérir, ce sentiment d'union avec leur entourage, le ciel, la terre et tous les êtres alentours ; un sentiment de paix, de calme, de sérénité, teinté d'une grande joie et d'un amour inconditionnel pour tout ce qui existe. Les personnes particulièrement douées pour apprendre à contrôler leurs fonctions physiologiques grâce au *biofeedback* rapportent toutes la même chose aux chercheurs : elles se sentent dans un état de conscience d'unité, elles ont l'impression de faire un avec les instruments de mesure auxquels elles sont reliées. D'autres disent se sentir un avec le laboratoire lui-même et les expérimentateurs. Le phénomène est le même pour les guérisseurs et les personnes qui influencent le développement des plantes. Elles affirment se mettre dans un état second, puis sentir qu'elles font un avec l'autre, avec la plante ; un sentiment d'union qui ressemblerait à celui que l'on éprouve lorsque l'on tombe amoureux. Il est ainsi fort possible que la conscience d'unité constitue une explication aux fameuses rémissions dites spontanées, aux guérisons qualifiées de miraculeuses.

Cette conscience est peut-être la clef d'une autre énigme. Le sentiment de faire un avec le monde environnant expliquerait pourquoi des gens très malades et désespérés guérissent malgré tout lorsqu'ils sont entourés de personnes qui les aiment, de médecins qui sont convaincus de pouvoir les sauver ou d'étrangers qui prient pour eux. Ceux-ci se relient sans doute à la personne malade. Le Dr Dossey[46] rapporte que selon Erwin Schrödinger, physicien et prix Nobel, l'état qu'il a appelé *the One mind* nous permettrait d'entrer en contact avec tous les autres êtres vivants. Il semble inconcevable pour beaucoup que par le seul biais de notre présence, de nos pensées, de nos désirs et de nos intentions, nous puissions ainsi agir sur les composantes, les atomes, les molécules de ce qui nous entoure. De plus en plus de scientifiques osent pourtant aborder des thèmes tels que la prière, les champs d'énergie et la conscience d'unité. Des chercheurs de différentes disciplines, la chimie, la physique, la biologie, l'astronomie, travaillent de nos jours de concert car ils reconnaissent que tout est lié. Les preuves scientifiques sont aujourd'hui suffisantes pour permettre d'affirmer que nous ne sommes pas séparés les uns des autres pas plus que nous ne le sommes du reste de l'univers. Plusieurs parlent de « résonance » avec l'environnement. Nous résonnerions tous les uns avec les autres et nous influencerions ainsi réciproquement. Plusieurs des personnes priant pour une autre dans le but de l'aider affirment d'ailleurs se sentir liées avec celui pour lequel elles prient, être dans un état de conscience d'unité. Des chiens hurlent à des kilomètres de distance lorsque leurs maîtres sont blessés ou meurent. Les biologistes ont observé que les arbres d'une forêt réagissent lorsqu'un arbre de la même espèce est entaillé dans leur environnement proche : ils ont une réaction bioélectrique, un peu comme si leur propre écorce était blessée. Et une mère s'éveille brusquement lorsqu'un de ses enfants est en danger, même s'il habite à des centaines de kilomètres.

7

Pas si loin des miracles !

Tous les êtres humains caressent le désir d'être heureux et
de surmonter leurs souffrances, tout comme moi-même.
Et, tout comme moi-même, ils ont naturellement le droit
de réaliser cette aspiration fondamentale.

DALAÏ-LAMA

La personne terrorisée à l'idée de sauter en parachute soumet son organisme à un stress intense qui produit une série de réactions physiologiques nocives pour sa santé. Une autre, qui anticipe cette activité avec joie et excitation, sécrète au contraire des hormones du plaisir et libère les tensions accumulées par son corps. De même, la façon dont nous réagissons à la maladie fait toute la différence. Si nous anticipons le pire, le stress et les émotions consécutives risquent de bloquer nos mécanismes naturels d'autoguérison. Par contre, si nous avons une attitude positive et confiante, nous favorisons l'enclenchement de ces mécanismes. L'étude des effets placebos a permis de comprendre à quel point il est essentiel pour toute personne malade et pour tout intervenant dans le domaine de la santé, d'adopter une attitude positive.

Les contextes de soins sont aussi déterminants. En s'assurant de soigner les gens avec attention et dans une ambiance rassurante, nous augmentons de façon exponentielle leurs chances de guérison. Il est évident que si nous tenions compte des connaissances acquises à ce jour, de grands progrès seraient possibles. Les soins seraient prodigués dans des conditions beaucoup plus humaines, ils favoriseraient la guérison, et nos hôpitaux et le personnel médical ne seraient plus débordés. Pour beaucoup d'entre nous, ces conditions suffiraient la plupart du temps à enrayer la maladie. Les recherches des cinquante dernières années l'illustrent clairement : environ 70 % des gens guériraient peu importe ce qui les affecte. Ne serait-ce pas extraordinaire quand on sait à quel point la maladie prend de place en ce XXIe siècle, et toutes les souffrances dont elle est la cause ?

La recherche de nouveaux médicaments est des plus louables mais les substances chimiques provoquent des effets secondaires souvent dommageables à court et à long terme. Les interventions chirurgicales, bien qu'elles soient parfois inévitables, sont des traumatismes importants pour le corps humain. Certains traitements sont très difficiles à supporter, parlez-en à ceux qui suivent une chimiothérapie. Un certain nombre de gens réagissent trop mal aux traitements médicaux pour les suivre et d'autres n'en tirent jamais les bénéfices escomptés. Ces gens-là doivent donc continuer de vivre tant bien que mal avec la maladie. Ce que l'étude des effets placebos nous enseigne, c'est que notre corps dispose de la faculté de guérir de toutes les maladies de façon naturelle. L'objectif ultime des chercheurs et des thérapeutes, peu importe leur allégeance, n'est-il pas de combattre la maladie et de redonner la santé? Si nous investissions ne serait-ce qu'un millième de l'argent dépensé pour la recherche de nouveaux médicaments dans la compréhension et l'utilisation des facteurs impliqués dans l'effet placebo, c'est peut-être 100 % des gens que nous arriverions à guérir.

Un jour, alors que je terminais de donner une conférence, une personne de l'assistance a posé la question suivante: « Maintenant que je sais que mes attentes et mes croyances ont une influence sur mon corps, est-il possible que ce lien ne fonctionne plus ? » Ma réponse fut instantanée: « Non! » En fait, c'est tout à fait le contraire. Savoir que nos pensées, nos émotions et les contextes dans lesquels nous évoluons ont la faculté de stimuler nos mécanismes d'autoguérison ne fait que renforcer notre confiance en la possibilité de guérir. Et cette confiance nous donne encore plus de pouvoir sur notre corps.

Les forces qui sont en jeu dans la guérison sont très subtiles; certaines agissent à un niveau inconscient. La plupart des gens sont d'ailleurs encore incapables de les contrôler et de les orienter de façon consciente et rationnelle. Nous avons toutes les raisons de croire que l'amour, les prières, les intentions et l'état de conscience d'une personne et des gens qui l'entourent ont des effets d'une grande puissance. Les recherches commencent à peine à mettre à jour leurs étonnants pouvoirs. Mais, peu importe, il n'est pas nécessaire d'attendre que tout soit expliqué pour croire en ce qui est déjà démontré et le mettre en application. Après tout, jamais personne n'a vu ni touché un électron, et pourtant, nous admettons tous son existence en nous fiant aux théories physiques et aux calculs mathématiques. Alors, pourquoi faudrait-il absolument «toucher» à l'amour et aux intentions d'autrui ainsi qu'à la conscience d'unité pour croire en leurs effets? Pourquoi serait-il si difficile de croire qu'une personne puisse permettre à une autre personne de guérir simplement parce qu'elle désire cette guérison? De tout temps, les grands maîtres spirituels l'ont affirmé: nous sommes tous liés les uns aux autres. Ce que l'un fait, pense, ressent affecte l'autre. Toutes les composantes de l'univers interagissent entre elles. Nous ne sommes pas plus séparés de notre ordinateur que nous ne le sommes des autres humains, des arbres, des animaux du ciel et de la terre. Lorsque nous aurons compris cela, nous ne serons peut-être pas si loin de voir s'accomplir ce qui selon moi est normal, mais que beaucoup appellent encore aujourd'hui des miracles.

Je me suis souvent demandé pourquoi nous nous acharnions à repousser la mort en cherchant les secrets de la santé et de l'immortalité. Après tout, nous mourrons tous un jour. Après mûre réflexion, j'en suis venue à la conclusion que cette recherche fait beaucoup de sens. Pendant que nous sommes vivants nous pouvons encore apprendre, apprendre à aimer et à partager. Apprendre aussi à vivre autrement pour un jour enfin comprendre qu'il n'est pas nécessaire de souffrir afin de grandir. Quant à moi, j'espère vivre le plus longtemps possible pour assister à ce moment et je vous souhaite la même chose!

La plupart des gens regardent les choses
comme elles sont et se demandent: Pourquoi?
Moi, je regarde les choses comme elles pourraient être
et je me demande: Pourquoi pas?
JOHN F. KENNEDY

Notes

Dans les notes suivantes le lecteur trouvera les références des travaux les plus importants sur les sujets abordés.

1. BERG, A. O. (1977), «Placebos: A Brief Review for Family Praticians», *The Journal of Family Practice*, vol. 5, p. 97-100 • BRODEUR, D. W. (1965), «A Short History of Placebos», *Journal of the American Pharmaceutical Association*, vol. 5, p. 642-662 • SHAPIRO, A. K. (1968), «Semantics of Placebo», *Psychiatric Quartely*, vol. 42, p. 653-695.

2. SHAPIRO, A. K., *ibid.*; (1960), «A Contribution to the History of the Placebo Effect», *Behavioral Science*, vol. 5, p. 109-135; (1970), «Placebo Effects in Psychotherapy and Psychoanalysis», *Journal of Clinical Pharmacology*, vol. 10, p. 73-78 • BRODY, H. (1980), *Placebos and the Philosophy of Medecine*, Chicago, The University of Chigago Press.

3. SHAPIRO, A. K. (1968), «Semantics...», *op. cit.*, p. 695.

4. BEECHER, H. K. (1955), «The Powerful Placebo», *Journal of the American Medical Association*, vol. 159, p. 1602-1606.

5. BOURNE, H. R. (1971), «The Placebo – A Poorly Understood and Neglected Therapeutic Agent», *Rational Drug Therapy*, vol. 5, n° 11, p. 1-6 • BUSH, P. J. (1974), «The Placebo Effect», *Journal of the American Pharmaceutical Association*, NS14, vol. 12, p. 671-674 • GODFREY, S., SILVERMAN, M. (1973), «Demonstration by Placebo Response in Asthma by Means of Exercise Testing», *Journal of Psychosomatic Research*, vol. 17, p. 293-297 • TURNER, J. A., DEYO, R. A., LOESER, J. D., VON KORFF, M., FORDYCE, W. E. (1994), «The Importance of Placebo Effects in Pain Treatment and Research», *Journal of American Medical Association*, vol. 271, p. 1609-1614.

6. BOK, S. (1974), «The Ethics of Giving Placebos», *Scientific American*, vol. 231, p. 17-23 • BRODY, H. (1980), *Placebos...*, *op. cit.* • BUCKALEW, L. W., ROSS, S. (1981), «Relationship of Perceptual Characteristics to Efficacy of Placebos», *Psychological Reports*, vol. 49, p. 955-961 • TURNER, J. A. et al. (1994), «The Importance...», *op. cit.*

7. BUSH, P. J. (1974), «The Placebo Effect», *op. cit.*; ROSS, S., BUCKALEW, L. W. (1983), «The Placebo as an Agent in Behavioral Manipulations: A Review of Problems, Issues, and Affected Measures», *Clinical Psychology Review*, vol. 3, p. 457-471 • SPIRO, H. M. (1986), *Doctors, Patients and Placebos*, New Haven, Yale University Press.

8. BUCKALEW, L. W., COOFIELD, K. E. (1982), « An Investigation of Drug expectancy as a Function of Capsule Color and Size and Preparation Form », *Journal of Clinical Pharmacology*, vol. 2, p. 245-248 • KIRSCH, I. (1999), *How Expectancies shape Experience*, Washington DC, American Psychological Association • ROSS, M., OLSON, J. M. (1981), « An Expectancy-Attribution Model of the Effects of Placebos », *Psychological Review*, vol. 88, p. 408-437 • SHAPIRO, A. K., SHAPIRO, E. (1984), « Patient-Provider Relationships and the Placebo Effect », dans MATARAZZO, J. D., WEISS, S. M., HERD, J. A., MILLER, N. E. (éds.) (1984), *Behavioral Health : A Handbook of Health Enhancement and Disease Prevention*, New York, Wiley-Interscience, p. 371-383 • WHITE, L., TURSKY, B., SCHWARTZ, G. E. (éds.) (1985), *Placebo : Theory, Research, and Mechanisms*, New York, Guilford Press.

9. BRODY, H. (1985), « Placebo Effect : an Examination of Grünbaum's Definition », dans WHITE, L. et *al.* (1985), *Placebo : Theory…, op. cit.*, p. 37-58, p. 41 • BULGER, R. (1990), « The Demise of Placebo in the Practice of Scientific Medecine », *TACCA*, vol. 102, p. 285-292.

10. BULGER, R., *ibid.*, p. 287.

11. ROBERTS, A. H., KEWMAN, D. G., MERCIER, L., HOVELL, M. (1993), « The Power of Nonspecific Effects in Healing : Implications for Psychosocial and Biological Treatments », *Clinical Psychology Review*, vol. 13, p. 375-391 • SPIRO, H. M. (1986), *Doctors…, op. cit.* • TURNER, J. A. et *al.* (1994), « The Importance… », *op. cit.* • VOUDOURIS, N. J., PECK, C. L., COLEMAN, G. (1990), « The Role of Conditioning and Verbal Expectancy in the Placebo Response », *Pain*, vol. 43, p. 121-128.

12. ROBERTS, A. H. et *al.* (1993), « The Power… », *op. cit.* • TURNER, J. A. et *al.* (1994), « The Importance… », *op. cit.* • WHITE, L. et *al.* (1985), *Placebo : Theory…, op. cit.*

13. GORDON, E. E. (1996), « The Placebo », *Headache Quartely*, vol. 7, p. 117-125.

14. DE LA FUENTE, F. R. et *al.*, (2004), « Placebo Mechanims & Reward Circuit : Clues from the Parkinson's Disease », *Biological Psychiatry*, vol. 56, p. 67-71 • ROBERTS, A. H. et *al.* (1993), « The Power… », *op. cit.* • TURNER, J. A. et *al.* (1994), « The Importance… », *op. cit.*

15. SIEGEL, B. (1991), *Messages de vie*, Paris, Robert Laffont • SPIRO, H. M. (1986), *Doctors…, op. cit.*

16. COIGNARD, S. (1996), « Les prodiges de l'effet placebo », *Le Point*, n° 1241 • GORDON, E. E. (1996), « The Placebo », *op. cit.* • HIRSCHFELD, R. M. A. (1996), « Placebo Response in the Treatment of Panic Disorder », *Bulletin of Meninger Clinic*, vol. 60, A76-A86 • ROBERTS, A. H. et *al.* (1993), « The Power… », *op. cit.* • SCHWEIZER, E., RICKELS, K. (1997), « Placebo Response in Generalized Anxiety Disorder », *Journal of Clinical Psychiatry*, vol. 58 (suppl.), p. 30-38 • STRAUSS, J. L., VON AMMON CAVANAUGH, S. (1996), « Placebo Effects : Issues for Clinical Practice in Pyschiatry and Medecine », *Psychosomatics*, vol. 4, p. 315-326.

17. COLLECTIF D'AUTEURS (1997 et 1998), « Meta-analysis on Antidepressant Medication », *Prevention and Treatment, 1*.

18. Evans, F. J. (1985), « Expectancy, Therapeutic Instructions, and the Placebo Response », dans White, L. et al. (1985), *Placebo: Theory...*, *op. cit.*, p. 215-228 • Fecteau, D. (1988), « Effets placebos », *Science et comportement*, vol. 25, p. 315-329 • Kirsch, I. (1999), *How expectancies...*, *op. cit.* • Rosenweig, P., Brohier, S., Zipfel, A. (1993), « The Placebo Effect in Healthy Volunteers », *Clinical Pharmacology & Therapeutics*, vol. 54, p. 578-583.

19. Berg, A. O. (1977), « Placebos: A Brief Review... », *op. cit.* • Fecteau, D. (1988), « Effets placebos », *op. cit.* • Godfrey, S., Silverman, M. (1973), « Demonstration... », *op. cit.* • Rosenweig, P. et al. (1993), « The Placebo Effect... », *op. cit.*

20. Buckalew, L. W., Ross, S. (1981), « Relationship... », *op. cit.*, p. 955.

21. Ross, M., Olson, J. M. (1981), « An Expectancy-Attribution Model of the Effects of Placebos », *Psychological Review*, vol. 88, p. 408-437.

22. Kirsch, I. (1999), *How expectancies...*, *op. cit.* • Roberts, A. H. et al. (1993), « The Power... », *op. cit.* • Spiro, H. M. (1986), *Doctors...*, *op. cit.* • Turner, J. A. et al. (1994), « The Importance... », *op. cit.* • White, L. et al. (1985), *Placebo: Theory...*, *op. cit.*

23. Buckalew, L. W., Coofield, K. E. (1982), « An Investigation... », *op. cit.* • Buckalew, L. W., Ross, S. (1981), « Relationship... », *op. cit.*

24. Bush, P. J. (1974), « The Placebo Effect », *op. cit.* • Shapiro, A. K. (1970), « Placebo Effects... », *op. cit.* • Siegel, B. (1991), *Messages de vie, op. cit.* • Spiro, H. M. (1986), *Doctors...*, *op. cit.* • White, L. et al. (1985), *Placebo: Theory...*, *op. cit.*

25. Fecteau, D. (2000), « VIH/SIDA : Quand les croyances et les attentes aggravent la condition physique », *Intervention*, vol. 111, p. 61-71.

26. Turner, J. A. et al. (1994), « The Importance... », *op. cit.*

27. Fecteau, D. (2000), « VIH/SIDA... », *op. cit.*

28. Collectif d'auteurs (2001), « The State of Science: the Best Evidence for the Involvment of Thoughts and Feelings in Physical Health », *Advances in Mind-Body Medecine*, vol. 17, n° 1 • Evans, F. J. (1985), « Expectancy... », *op. cit.* • Kirsch, I. (1999), *How expectancies...*, *op. cit.*

29. Fecteau, D. (1988), « Effets placebos », *op. cit.*

30. Fecteau, D. (2000), « VIH/SIDA... », *op. cit.* • Gelbman, F. (1967), « The Physician, the Placebo and the Placebo Effect », *Ohio State Medical Journal*, 1967, vol. 63, p. 1459-1461 • Houston, W. R. (1938), « The Doctor himself as a Therapeutic Agent », *Annals of internal medecine*, vol. 11, p. 1416-1425 • Shapiro, A. K., Shapiro, E. (1984), « Patient-Provider... », *op. cit.* • Thomas, K. B. (1987), « General Practice Consultations: Is there any Point in Being Positive? », *British Medical Journal*, vol. 294, p. 1200-1202 • White, L. et al. (1985), *Placebo: Theory...*, *op. cit.*

31. Findley, T. (1953), « The Placebo and the Physician », *Medical Clinical North America*, vol. 37, p. 1821 • Houston, W. R. (1938), « The Doctor... », *op. cit.*

32. Thomas, K. B. (1987), « General Practice... », *op. cit.*, p. 1202.

33. PLUTCHNIK R. (1994), *The Psychology and Biology of Emotion*, New York, Harper Collins • ROSSI, E. (1993), *The Psychobiology of mind-body healing*, New York, W. W. Norton & Company • UNIVERSITÉ DE MONTRÉAL, Département de neuropsychologie, résultats à paraître.

34. SIEGEL, B. (1991), *Messages de vie, op. cit.*; (1988), *L'amour, la médecine et les miracles*, Paris, Robert Laffont.

35. WICKRAMASEKERA, I. A. (1985), « A Conditioned Response Model of the Placebo Effect : Predictions from the Model », dans WHITE, L. et *al.* (1985), *Placebo : Theory…, op. cit.*, p. 255-287.

36. CASCELLA, N., MUNTANER, C., KUMOR, K. M. (1989), « Cardiovascular Responses to Cocaine Placebo in Humans : A Preliminary Report », *Biological Psychiatry*, vol. 25, p. 285-295 • VOUDOURIS, N. J. et *al.* (1990), « The Role of Conditioning… », *op. cit.* • WICKRAMASEKERA, I. A. (1985), « A Conditioned Response… », *op. cit.*

37. NOON, J. (1999), « Placebo », *Pain reviews*, vol. 6, p. 133-142 • TURNER, J. A. et *al.* (1994), « The Importance… », *op. cit.* • VOUDOURIS, N. J. et *al.* (1990), « The Role of Conditioning… », *op. cit.* • WICKRAMASEKERA, I. A. (1985), « A Conditioned Response… », *op. cit.*

38. MAY, E. C. (1998), « Some Aspects of Parapsychological Research in the Former Soviet Union », *Research in parapsychology 1993*, 36th Annual Convention of the Parapsychological Association, Maryland, Scarecrow Press.

39. DOSSEY, L. (1997), « Love in Medecine », *Shambhala Sun*, may, MA Boston : Wisdom publications • HALPERIN, E. C. (2001), « Should Academic Centers Conduct Clinical Trials of the Efficacy of Intercessory Prayer ? », *Academic Medecine*, vol. 76, p. 791-797 • STANTON, D. (2002), « Prière et guérison », *L'Actualité*, septembre.

40. FERGUSON, M. (1996), *La Révolution du cerveau*, Paris, J'ai lu • SCHWARZ, B. E. (1975), « PSI and the Life Cycle », *Journal of the American Society of Psychosomatic Dentistry and Medecine*, vol 22, n° 2, p. 57-63.

41. PHYSICIAN'S ASSOCIATION FOR ERADICATING CHRONIC DISEASE (2002), *Physicians'Guide : Recommending the Transcendental meditation program* • ROSSI, E. (1993), *The Psychobiology…, op. cit.*

42. ROSSI, E., *ibid.* • FROMM, E., NASH, M. R. (1992), *Contemporary hypnosis research*, New York, Guilford Press.

43. EVANS, C., RICHARDSON, T.H. (1988), « Improved Recovery and Reduced Postoperative Stay after Therapeutic Suggestions during General Anesthesia », *The Lanscet* • SIEGEL, B. (1991), *Messages de vie, op. cit.*

44. SIEGEL, B., *ibid.*

45. MURPHY, J. (1987), *La Puissance de votre subconscient*, Montréal, Le Jour.

46. DOSSEY, L. (1997), « Love in Medecine », *op. cit.*

Bibliographie générale

BRODY, H. (1980), *Placebos and the Philosophy of Medecine*, Chicago, The University of Chigago Press.

BRODY D., BRODY H. (2000), *The Placebo Response*, New York, Cliff street/Harper Collins.

CHOPRA, D. (1988), *Return of the Rishi: a Doctor's Search for the Ultimate Healer*, Boston, Houghton Mifflin.

COLLECTIF D'AUTEURS (2000), « True or False : The Placebo Effect as Seen in Drug Studies is Definitive Proof that the Mind Can Bring about Clinically Relevant Changes in the Body », *Advances in mind-body medecine*, vol. 16, n° 1.

COLLECTIF D'AUTEURS (2001), « The State of Science : the Best Evidence for the Involvement of Thoughts and Feelings in Physical Health », *Advances in Mind-Body Medecine*, vol. 17, n° 1.

DOSSEY, L. (1998), *Le Surprenant Pouvoir de la prière*, Paris, Tredaniel.

JOSPE, M. (1978), *The Placebo Effect in Healing*, Lexington, Lexington Books.

KIRSCH, I. (1999), *How Expectancies Shape Experience*, Washington DC, American Psychological Association.

ROSSI, E. (1993), *The Psychobiology of Mind-Body Healing*, New York, W. W. Norton & Compagny.

SHAPIRO, A. K. (1960), « A Contribution to the History of the Placebo Effect », *Behavioral Science*, n° 5, p. 109-135.

SHAPIRO, A. K., SHAPIRO, E. (1984), « Patient-provider relationships and the Placebo Effect », dans MATARAZZO, J. D., WEISS, S. M., HERD, J. A., MILLER, N. E. (éds.) (1984), *Behavioral health : A Handbook of Health Enhancement and Disease Prevention*, New York, Wiley-Interscience, p. 371-383.

SIEGEL, B. (1991), *Messages de vie*, Paris, Robert Laffont.

SPIRO, H. M. (1986), *Doctors, Patients and Placebos*, New Haven, Yale University Press.

WHITE, L. et *al.* (1985), *Placebo : Theory, Research, and Mechanisms*, New York, Guilford Press.

Table des matières

Achevé d'imprimer au Canada
sur les presses des Imprimeries Transcontinental Inc.